Crédits : Archiv für Kunst und Geschichte 9, 116b, 118c, d, 153a – Archives Fédérales, Berne 181 – Bohnacker/Prenzel 61b, 145b, 148 – Bundes-Mobilien Verwaltung 19, 51a, b – Burghauptmannschat, Wien 62b – Bulloz 149b, 159a – Color Library 91 – Dall'Omo 99a, e – D.R. 12, 13a, b, 14, 24, 30b, 35b, 48, 62a – Everts/Prenzel 72 – Fabbri 52a, b, 53b – Faly/Zefa 124a – Fiore 100 – Giraudon 111b – Graphische Sammlung Albertina, end papers – Gyarmathy/Prenzel 107a, b, 115a, b, 117b – Haase/Zefa 66a, 156b, c – Hackett/Vloo 144a – Historisches Museum, Wien 17a, 56, 88a, 97a, b, 98a, 101b, 104, 112b – Hôtel Beau Rivage, Genève 163c, 169 – Interfoto Agentur 144b, 173b – Josse 25 – Kunsthistorisches Museum, Wien 49, 67b, 69a, 74, 76b, 84, 127b – Lauer/Prenzel 6, 17b – Meyer 20, 21a, 82a, b, 85, 179 – Messerschmidt/Vloo 38 – Minerva 11, 31, 89, 133a, 162, 163a, 165, 168c, 172a – Münchner Stadtmuseum 16 – Museum der Stadt, Wien 23, 32, 36, 42, 44a, b, 45, 47, 66b, 73, 79, 81, 93b, 96, 103, 112a, c, 113c, 122, 123, 126, 129a, 143, 157 – Oesterreichische Nationalbibliothek, Wien 15a, b, c, 18, 21b, 22, 27, 30a, 33, 34a, b, 35a, 39, 40a, b, 41a, b, c, 50, 53a, 54, 55, 58, 59a, b, 60a, b, 61a, 63a, b, 64, 65, 67a, 68, 69b, 71a, b, c, 75, 76a, 77a, 77b, 80a, b, c, 86b, 87a, b, 92, 93a, 98b, 99b, c, d, 102, 105, 106b, 110, 111a, 113a, b, 114a, b, 116a, 117a, 118a, b, 119a, 120, 124b, 125, 128b, c, 129b, 130d, 131a, b, d, 132, 133b, 134a, b, 135, 136a, b, 137a, 151, 152, 153a, b, c, 160, 161, 163b, 166, 167a, 168b, 170, 171, 174, 175a – Oesterreichische Nationalbibliothek Handschriftensammlung, Wien 86 – Philips/Zefa 95a, b – Ploquin/Pix 4 – Prenzel-Ifa 10, 106a, 140, 145a – Richer/Fotogram 70 – Roger-Viollet 83, 94, 95c, 101a, 127a, 128a, 130a, b, c, 131c, 141, 146, 154a, b, 155, 158a, 159b, 164, 168a, Couverture – Sirman Press 150 – Stadelmann/Prenzel 156a – Technisches Museum 147 – Ville de Menton 149a – Waldenfels/Prenzel 90, 175b, 177 – Wolfsberger/Zefa 178.

En pages de garde : le cœur de la Vienne impériale, par Gottfried Semper. – Sur ces deux pages : l'aigle des Habsbourg ornant une fenêtre du Palais de la Hofburg.

Achevé d'imprimer le 20 Mars 1987
par Sagdos S.p.A., Brugherio, Milan
ISBN: 2-8307-0050-3
Printed in Italy

SISSI

Vie et destin d'Elisabeth d'Autriche

Raymond Chevrier

MINERVA

L'été sur le lac de Starnberg, près de Possenhofen, où naquit Sissi.

L'AN 1837

C'est l'année où Victoria, reine constitutionnelle, accède au trône d'Angleterre et inaugure un règne qui sera l'un des plus longs de l'histoire : le record n'en est battu que par François-Joseph qui la coiffera de près d'un lustre. En Autriche, l'Empereur Ferdinand, souverain absolu, personnage idiot mais sympathique, vient de commencer le sien. Metternich aidant, il durera tant que les temps seront calmes mais s'éclipsera prématurément dans les soubresauts de la Révolution de 1848. Chez nous, Louis-Philippe, le roi bourgeois des barricades, parvient, en cette année 1837, à stabiliser son régime, après avoir maté deux insurrections, l'une à Paris et l'autre à Lyon, déjoué deux tentatives de soulèvement, la première légitimiste, la seconde bonapartiste, et échappé à une bonne dizaine d'attentats. La Bavière, elle, connaît des jours paisibles sous le sceptre de Louis Ier, prince érudit qui se croit artiste et qui se passionne pour les beaux-arts, l'architecture en particulier. Il en est exactement à la moitié de son règne, puisque, sacré roi en 1825, il se retrouvera simple particulier en 1848. Mais les événements politiques ne prennent qu'une part restreinte à son abdication. Vieillissant, il préfère au marbre et au lapis lazuli, ces pierres vives que sont les femmes, et pour l'une d'elles, une aventurière, au demeurant jolie femme et femme d'esprit, qui se donne pour danseuse espagnole et prétend se nommer Lola Montez, commet des folies qui lui feront perdre sa couronne. Elles lui font perdre aussi la notion de la plus élémentaire bienséance, au point qu'un jour, invité à la table de l'Impératrice Eugénie, il s'oubliera jusqu'à dire, de sa forte voix de sourd : « Ah ! les Espagnoles, j'en sais quelque chose. Il y en a même une qui m'a coûté mon trône ». Mais, à l'époque qui nous intéresse, Louis Ier se montre encore soucieux de sa dignité, économe des deniers publics et bon administrateur de ses Etats et de sa Maison.

LES WITTELSBACH

Ils appartiennent à l'une des plus vieilles familles princières d'Occident, sinon la plus ancienne, celle qui, en tout cas, règne le plus longtemps. En 911, le Margrave Arnulf, fils de Luitpold, devient duc. En 1918, Louis III cesse d'être roi. Un millier d'années sépare ces deux dates. Pendant ce millénaire et les quarante générations qui le couvrent, les Wittelsbach ont sous des titres variés et avec des fortunes diverses régné sur la Bavière. Napoléon Ier les fait rois, en cette année 1806, où, après avoir fondé, sous protection française, la Confédération du Rhin, il balaie du même coup cette ombre poussiéreuse qu'est devenu le Saint Empire. Ce faisant, l'Empereur

Le roi Louis Ier de Bavière. "Les Wittelsbach ont, dans l'histoire, laissé le renom de princes artistes".

reprenait le fil d'une politique pro-bavaroise embobinée par Mazarin pour équilibrer par une alliance catholique non autrichienne, l'appui que Richelieu avait accordé aux princes protestants d'Allemagne et qui se dévidera au XVIIIe siècle lorsque la France soutint contre Marie-Thérèse et son mari François de Lorraine, la candidature d'un Wittelsbach à l'Empire. Sa confiance n'est cependant pas entière dans ce Maximilien qui lui doit la couronne. Il sait combien la reconnaissance est lourde à porter. L'événement lui donnera d'ailleurs raison, puisqu'en 1813, devançant la Saxe, la Bavière son alliée, le lâchera avant la bataille de Leipzig. Il croit, cependant, conformément à la plus traditionnelle des politiques, consolider un lien précaire par un mariage. Son beau-fils, Eugène de Beauharnais, épouse par ordre la princesse Augusta. La précaution sera inutile, mais l'union heureuse. Quant à Louis Ier, fils et successeur de Maximilien, bien qu'il soit né à Strasbourg, qu'il ait Louis XVI pour parrain et qu'il doive son trône à l'Empereur, il se montre résolument anti-français et joue au patriote allemand, sans se rendre compte qu'il prépare ainsi la liquidation, au profit de la Prusse, de ce qui subsiste des libertés germaniques.

La Maison de Wittelsbach comprit longtemps deux branches souveraines : la branche des ducs de Bavière et celles des Electeurs palatins qui trônaient à Heidelberg et à Mannheim. C'est seulement à la fin du XVIIIe siècle, après cinq siècles de séparation, que la Bavière et le Palatinat sont fondus au même creuset, non parce que les peuples le veulent, le principe de légitimité a conservé toute sa force, mais à la suite d'un triple décès sans postérité. En 1742, l'Electeur Charles-Philippe meurt : il n'a pas d'enfant et son cousin Charles-Théodore de Deux Ponts lui succède. En 1777, ce même Charles-Théodore hérite du duc de Bavière Joseph III dont l'épouse est également brehaigne. Le nouveau duc mourra, à son tour sans héritier direct, bien qu'il ait tardivement tenté de s'en assurer un. A soixante dix ans, il épouse la fille du grand-duc de Toscane ; les dix-huit ans de la future ne l'effraient pas, mais l'union ne sera pas féconde. Aussi, à son décès, en 1799, la Bavière et le Palatinat reviennent à un sien cousin, un cadet sans fortune qui avait servi dans l'armée française avant de combattre sous Napoléon qui en fit un roi, on l'a vu, sous le nom de Maximilien Ier.

A côté de ces deux branches regreffées sur un même tronc, subsiste une branche cadette qui remonte à Jean-Charles, comte palatin (1638-1704), la seule qui demeure après la disparition des rameaux d'Ingolstadt, de Neubourg et de Siemeren auxquelles appartiennent respectivement Isabeau, reine de France, Marie, reine d'Espagne (l'héroïne de Ruy Blas) et la princesse palatine, épouse de Monsieur, frère de Louis XIV et mère du Régent. La descendance de Jean-Charles, frère du duc régnant, fit longtemps figure de parente pauvre et vécut ignorée. Tout de même, lorsqu'il devient duc, en 1799, Maximilien-Joseph accorde à ces Wittelsbach de deuxième rang, le titre de duc, mais *en* Bavière pour les distinguer des ducs *de* Bavière appartenant à la branche aînée. Louis Ier leur reconnaît, en 1845, la qualité d'Altesses Royales. Cependant, ce qui les fera

sortir de l'oubli, c'est le destin merveilleux et tragique de certaines de leurs filles qui porteront des couronnes ou épouseront les plus grands noms de l'armorial. Parmi elles, Elisabeth, duchesse en Bavière, Impératrice d'Autriche et reine de Hongrie, Sissi, l'héroïne de ce livre.

Les Wittelsbach ont, dans l'histoire, laissé le renom de princes artistes. Au temps de la Renaissance, ils protégèrent Van Eyck et Dürer. Au XVIIIe siècle, ils firent construire le château de Mannheim et celui de Nymphenbourg aux environs de Munich, ville que, nous le verrons, Louis Ier rénovera au siècle suivant. Louis II, unissant la passion de la musique à la rage de bâtir, fera, avant Bayreuth, de sa capitale celle du drame lyrique et couvrira son royaume de châteaux inutiles et somptueux. Ils ont laissé aussi le souvenir de princes souvent instables, parfois étranges, prompts aux décisions mais aussi aux retournements. L'ancienneté de leur lignée, la fréquence des mariages consanguins sont peut-être à l'origine de cette diathèse nerveuse dont on a tant parlé. Mais les dispositions morbides décelées en fin de race peuvent trouver leur source dans l'apport d'un autre sang que le leur. Les unions des Wittelsbach n'ont de ce point de vue, pas toujours été heureuses ; l'hérédité se partage et c'est en toute égalité que les parents collaborent. L'enfant, qui naît, a reçu autant de chromosomes d'un côté que de l'autre.

BAVIERE

Le royaume comprend, en même temps que la Bavière proprement dite, Haute et Basse, la Souabe, la Franconie et une partie du Palatinat. Coupée de l'Autriche par le rempart crénelé des Alpes, séparée de la Bohème par les pentes boisées d'une montagne moins hostile, la Bavière incline un plateau, où les paturages alternent avec les forêts, vers le Danube dont la vallée plus riche se dore l'été d'épis blonds. L'eau franchie, les cultures pauvres reprennent leur souveraineté sur cet autre plateau qui, plus au nord, semble être, avec le fleuve pour charnière, le dépliant et la réplique du premier. Les hivers sont durs et la neige s'installe pour de longs mois. Mais le printemps n'y réserve que plus de douceur quand la prairie fleurit, que les ruisseaux reprennent leur murmure et que les abeilles sécrètent un miel parfumé dont la renommée est depuis longtemps faite.

Le sud de la Bavière compte au nombre des plus belles régions de l'Europe. Tout au long de la chaîne alpine, des lacs, derniers vestiges des grands glaciers, offrent le miroir de leurs eaux vertes aux pics altiers dont l'impertinence du vent ride l'image : lac Ammer, lac de Starnberg, Tegernsee, Chiemsee pour ne retenir que les plus beaux entre ces deux extrêmes que représentent à l'ouest le lac de Constance étalé tout à l'aise dans sa vaste cuvette et, à l'est, le Konigssee,

étroitement serré dans sa gaine de parois rocheuses au pied du nid de vautour de Berschtesgaden.

Le charme de ce vieux pays, ce sont les bourgs et les villages qui l'incantent. Rassemblant autour de leurs clochers à bulbe, les grands toits de tuiles plates de leurs maisons qui mêlent artistement le bois et la pierre et s'ornent d'enseignes finement travaillées, cernant leurs fontaines de petites places fleuries, dressant à leurs carrefours des calvaires peints, ils respirent la « Gemütlichkeit », mot qui n'a pas de correspondant exact dans notre langue mais qui éveille des idées d'aise, d'agrément, d'intimité, de douceur, de familiarité et de confort. Rien n'est plus accueillant que ces petites auberges placées le plus souvent sous le signe de l'ours ou du cygne, avec leurs balcons de bois sculpté, leurs salles basses boisées de pin, où le Bavarois buveur de bière et fumeur de pipe, vient s'attabler le soir et bavarder en riant. La Bavière est gaie, encore que sa bonhomie voile une cruauté latente dont les pays occupés en temps de guerre par les troupes bavaroises ont gardé le souvenir. Bien qu'il parle la même langue que lui, le Bavarois est à l'opposé du Prussien, l'un blond, grand, froid, arrogant et maussade, l'autre, brun, rieur, serviable et avenant.

Peuple de cultivateurs, de pâtres et d'artisans du bois, la Bavière est profondément catholique. Les fêtes religieuses y connaissaient un éclat inconnu ailleurs, la tradition s'y maintient des mystères médiévaux, dont le plus célèbre est la Passion d'Oberammergau. Foncièrement attachée à la tradition, très hostile à l'influence du Nord, c'est de tous les Etats allemands, la Bavière qui résistera le plus durablement à l'entreprise unificatrice et centralisatrice de Bismarck. Ce particularisme n'a pas disparu avec l'unité, bien qu'il ne la mette pas en cause. C'est en Bavière que naît, après la première guerre mondiale, le national-socialisme qui se dresse, au départ, contre les capitulards de Berlin. Aujourd'hui encore, si la Bavière se soumet en fait à la constitution de l'Allemagne Fédérale, elle ne la reconnaît pas en droit.

MUNICH

La capitale bavaroise, Munich, est née, non de la géographie, mais de l'histoire. Comme Madrid, Versailles, Saint-Pétersbourg, et plus près de nous Brasilia, c'est une volonté politique qui l'a fait sortir de terre. Henri le Lion, membre de la célèbre famille Welf, en bâtit les premières assises. Mais il ne travailla ni pour lui, ni pour sa maison. En 1180, l'Empereur Frédéric Barberousse l'en dépouilla au profit d'Otto de Wittelsbach.

Jusqu'au milieu du XVIIIe siècle, la ville se satisfit de ses rues tortueuses et des maisons à pignon de l'*Altstadt*, ramassées dans la boucle de l'Isar. Elle tenta alors de se rénover dans le

Iunich, capitale u royaume de Ba- ère, à l'époque ù Sissi était en- ınt et le Palais des 'ittelsbach, au- ourd'hui disparu.

style du jour, le rococo qui est une excroissance et une floraison du baroque dont il exagère les tortillements et renchérit sur les volutes, à la manière dont le flamboyant ajoute au gothique de la haute époque. A cette première tentative dont le résultat est loin d'être heureux, Louis Ier croit bon de joindre la sienne en mêlant le néo-grec au néo Renaissance. « Je veux, déclare-t-il, faire de Munich une ville qui honore tellement l'Allemagne que personne ne pense se vanter de connaître l'Allemagne s'il n'a pas vu Munich. » Nous devons à cet honorable effort une froide imitation des Propylées, une église de la Cour copiée sur la Capella Palatina de Palerme, une galerie des maréchaux, médiocre réplique de la Plazza dei Lancei de Florence... et d'autres monuments encore, qui survêtus ou dénudés rivalisent de laideur. Avant de prendre en 1938 une signification politique précise, l'épithète de « munichois » était devenue synonyme de lourdeur et d'empâtement. La grâce est absente de cette architecture qui colle à la terre. Par contre, dans ces bâtiments affreux et mastocs, le roi saura enfermer les chefs-d'œuvre de la sculpture et de la peinture. Grâce à lui, Munich peut faire admirer aux 300.000 habitants qu'elle compte alors et aux innombrables visiteurs qu'elle attire, des collections qui sont parmi les plus belles et les plus riches d'Europe.

NAISSANCE

C'est dans ce nouveau Munich qui prétend rivaliser avec l'Antique Athènes, que, toujours en 1837, naît Elisabeth, duchesse en Bavière, nièce de Louis Ier qui a fait construire pour ses parents un hôtel dans la Ludwigstrasse. Elle apparaît, en ce monde, le 24 décembre, veille de Noël, alors que les sapins s'allument et que le peuple chrétien de Bavière se dispose à célébrer la venue du Sauveur tout comme, aux mêmes heures, ses lointains ancêtres des âges païens fêtaient par des feux de joie ce solstice d'hiver qui annonce la remontée du soleil dans le ciel et promet, sur la terre, le renouveau de la végétation. Elle est la troisième enfant d'une famille ducale qui lui donnera encore cinq frères et sœurs. Placée sous le signe du Capricorne, le ciel dont elle a reçu une éclatante beauté, lui accordera une jeunesse heureuse et libre. Mais le mariage la décevra, les rites de Cour l'écraseront, les honneurs l'horripileront et les voyages qu'elle entreprendra ne lui permettront ni de fuir ce qui l'outrage, ni d'atteindre cette paix avec soi qu'elle quête inlassablement. Son existence, qui se déroule dans un décor brillant et factice, lui apportera le chagrin et la désillusion. Tout s'ordonne autour d'elle comme une tragédie dont l'intérêt se ménage et dont l'horreur croît d'acte en acte. Elle connaîtra les malheurs des héroïnes d'Eschyle et de Sophocle. Du sang, il y en aura partout autour d'elle ; les êtres qu'elle aimera, elle les perdra l'un après l'autre,

Le duc Max ("duc en Bavière"), père de Sissi. Son Palais à Munich. La duchesse Ludovika et deux de leurs enfants, avec un nouveau-né.

dans la violence volontaire ou subie. Le Destin, impitoyable, achèvera le crescendo en la livrant, elle-même, au poignard d'un assassin. Mais la majesté de son rang, la noblesse de son cœur, non plus que la cruauté des coups qui l'on frappée, ne sauraient empêcher, tant elle a de grâce et d'attrait, de continuer à l'appeler familièrement Sissi, comme si elle avait conservé, tout au long de la route, la fraîcheur de son âme d'enfant.

LE DUC MAX

Le père de Sissi, le duc Max, est un aimable dilettante, qui touche un peu à tout, mais qui, en tout cas, déteste les cérémonies officielles et fuit la vie de Cour. Qu'on ne l'imagine cependant pas sous les traits d'un rebelle. Il ne blâme rien, il se contente d'ignorer en souriant. Il goûte la nature, la poésie, les voyages, les franches lippées. Les vers de La Fontaine s'appliquent admirablement à lui :

J'aime le jeu, l'amour, les livres, la musique, — La ville et la campagne, enfin tout. Il n'est rien
Qui ne soit souverain bien — Jusqu'aux sombres plaisirs d'un cœur mélancolique.

Car, s'il est un joyeux drille qui pince la guitare et, à l'occasion, la taille des filles et publie sous le pseudonyme de Phantasius des articles pleins d'humour et de causticité, il sombre parfois dans d'inattendus accès de tristesse. Ce vagabond a parcouru l'Asie Mineure, le Croissant fertile, l'Egypte. De ce dernier pays, il a ramené quatre négrillons achetés au Caire et les a fait baptiser à Munich au grand scandale des bien pensants. Cet aristocrate ignore les préjugés de classe et méprise les conventions sociales. Son compagnon de route et de fête, Johann Petzmacher, est le fils d'un aubergiste viennois : il l'emmène, la viole en bandoulière, comme un ménestrel médiéval.

Par dessus tout, le duc Max aime les chevaux. Il les aime au point de déclarer que, s'il n'était prince, il serait écuyer ; au point de faire construire à grands frais, lui dont la fortune est médiocre, un manège où il peut faire de la haute école. Sa vie, affranchie des servitudes mondaines, il la passe le plus souvent à la campagne, chassant, pêchant, s'arrêtant pour trinquer dans les auberges, bavardant avec les gens du peuple qu'il préfère aux hommes politiques, aux militaires et aux courtisans. Il faut un ordre précis pour qu'il revête cet uniforme de général de cavalerie qu'une nomination, toute formelle d'ailleurs, lui donne le droit de porter. Ordinairement, on le voit à

"Epoux volage, le duc Max est un père excellent. Le jour, il apprend à ses huit enfants le nom des plantes, la nuit, celle des étoiles".
A droite, deux des sœurs de Sissi : Marie "dont la fière nature transparaît au travers d'un masque régulier", Sophie, "qui séduit par le bleu de Delft de son regard rêveur". En bas : le duc Max, en écuyer, dans son manège personnel.

travers champs et chemins coiffé du petit chapeau vert à l'obligatoire blaireau, chaussé à gros clous, vêtu d'une veste de loden gris et d'une culotte de cuir qui s'arrête aux genoux et qu'il préfère à la culotte de peau.

Epoux volage, le duc Max est un père excellent. Féru d'astronomie et de botanique, il apprend à ses huit enfants, le jour, le nom des plantes, la nuit, celui des étoiles, ces deux catalogues naturels si considérablement fournis. Il leur récite des vers et leur conte ses souvenirs. Aussi, en est-il adoré. Mais, sa prédilection va à Sissi, son « enfant de Noël ». Les affinités sont, entre eux, manifestes. Ils ont l'un et l'autre le même goût de la vie indépendante, éprouvent le même sentiment de la nature, partagent la même répugnance pour la convention, l'hypocrisie, l'étiquette et le cérémonial. Ce père débonnaire et bohème est pour elle un compagnon bien plus qu'un éducateur. Il ne la prépare aucunement à la vie qui sera la sienne. Il est vrai qu'il ne pouvait deviner qu'elle serait, vue du dehors tout au moins, si brillante et tellement « hors série ». Inconsciemment il a développé en elle des goûts libres qui devaient, par la suite, lui interdire d'être heureuse dans la condition impériale à laquelle elle sera appelée. Les penchants naturels d'Elisabeth exigeaient d'être contrariés alors qu'ils ont, au contraire, été flattés au-delà de toute mesure par un père qui en manquait totalement.

LA DUCHESSE LUDOWIKA

Sa condition est supérieure à celle de son mari. Elle est née duchesse de Bavière, alors qu'il n'est que duc en Bavière. Fille du roi Maximilien Ier, le roi régnant, Louis Ier, est son frère. Si son mariage a été de convenance, sa fécondité n'en a pas souffert. Saine de corps autant qu'équilibrée d'esprit, elle met au monde huit enfants, cinq filles et trois garçons entre 1831 et 1849, soit au rythme moyen d'une naissance tous les deux ans.

Sa vie n'est ni facile, ni heureuse. Elle doit défendre un reste de patrimoine contre les fantaisies d'un époux qui a l'argent facile et ne possède aucune notion de ce qu'est la gestion d'une fortune, surtout ébréchée. Il lui faut élever sa progéniture et la caser : la chance aidant, elle y réussira assez bien. C'est une femme d'ordre et de devoir. Elle est le pôle sérieux, économe, bourgeois d'un couple dont le duc représente l'aspect nomade, léger et artiste. Elle gronde et calcule ; lui gâte et gaspille. Elle est la fourmi de cette cigale. On imagine que Ludowika souffre de cette condition humiliée alors que ses sœurs ont fait de beaux mariages : Elisabeth, la marraine de Sissi, sera reine de Prusse et Amélie reine de Saxe. Sophie, à défaut d'être elle-même impératrice, sera la mère d'un empereur. Aussi pense-t-elle à bien marier ses filles et à prendre, à travers elle, une revanche sur la vie. Elles promettent d'être belles : le visage un peu sévère d'Hélène s'adoucit de la lumière

de deux beaux yeux couleur de lin ; Sissi sera ravissante avec ses traits fins, ses grands yeux sombres, la masse ondulante de sa chevelure d'or roux ; Marie, dont la fière nature transparaît au travers d'un masque régulier et plein de noblesse, deviendra grande et svelte ; Mathilde, vive et légère, a du chien ; quant à Sophie, elle séduit, dès l'abord, par le bleu de Delft de son regard rêveur, par le timbre prenant de sa voix grave et douce.

POSSENHOFEN

En 1834, le duc Max a acheté le château de Possenhofen, une vieille bâtisse rectangulaire de pierres rouges, dont les angles se durcissent de tours crénelées, vestiges d'une défense devenue inutile, qu'entoure un parc aux oiseaux bocagers et que baignent les eaux froides du lac de Starnberg. C'est la vraie campagne. A l'écart du logis, de la chapelle qui le prolonge et des écuries qui le complètent, l'étable et la basse-cour qui donnent le lait et la volaille se tassent dans l'herbe haute. L'environnement est assez plat, encore que quelques collines boisées en rompent la monotonie, mais, au fond du décor, les Alpes pointent leurs pics doublés de glaciers que la chaleur du soleil d'été ne réussit pas à vaincre, mais que la lumière rend éblouissants le jour et teinte de rose quand le soir défait son manteau. C'est là que désormais la famille ducale passera ses étés, dans le calme champêtre de ce cadre de prés fleuris, de bouquets d'arbres et d'eaux dormantes.

Pour les enfants, c'est le vert Paradis. Le temps que n'occupent pas les moroses leçons de leur gouvernante, la baronne de Wulfen, ils l'emploient à courir au gré d'une fantaisie qui ne connaît pas d'autre limite. Le duc Max apporte avec lui la gaîté, le mouvement et aussi le désordre. Sa maison est celle du Bon Dieu : on y ignore la contrainte. Le maître est indulgent et distrait, les domestiques sont rares, familiers et dévoués, les animaux eux-mêmes ne connaissent aucune barrière et nul ne vient déranger les chiens qui dorment insouciants sur les fauteuils tapissés du salon.

Les étés de Possenhofen, « Possi », comme on dira bientôt, ont fortement marqué le caractère d'Elisabeth. Toute enfant, elle y a joué dans la basse-cour avec les poules et les lapins. Plus grande, elle y prendra le goût des longues marches, en robe de paysanne, dans les herbes folles ou au gré des sentiers écartés, et la passion des courses à cheval qui grisent d'air et d'espace et font oublier le temps. Comme son père, elle adore les chevaux et comme lui, les monte superbement. La nature l'enchantera, avec la splendeur de ses aurores et la magnificence de ses couchants, le murmure des sources, l'ombre secrète des forêts, le mystère des plans d'eau qui semblent être la porte lisse d'un monde interdit. Sissi s'évanouit entre les arbres comme une sylphide et plonge dans les lacs comme une ondine. C'est toute une mythologie qu'elle évoque avec la grâce de son être, la légèreté de sa démarche, la vivacité de son allure et cette façon à elle d'appuyer à peine sur le sol qui la porte. Elle est parente du vent, des fleurs, des arbres, des étoiles. Le duc Max, qui lui fera en définitive tant de mal pour avoir voulu lui faire trop de bien, a au moins le mérite de lui apprendre à marcher : « Il ne faut pas se traîner, disait-il, on doit avancer comme si on avait des ailes ». Cette aisance qui donnera, plus tard, à la souveraine une grâce éthérée, lui permet de glisser sur le monde des choses comme ces esprits aériens qui peuplent les comédies féeriques

Deux vues anciennes et une photo du château de Possenhofen (au bord du lac de Starnberg) où Sissi passa son enfance et sa prime jeunesse. Ces pelouses sur lesquelles elle jouait...

de Shakespeare, avant de devenir le personnage central du drame que, venu plus tard, il n'aurait pas manqué d'écrire.

On devine sa tristesse quand, à l'approche de la mauvaise saison, il lui faut renoncer à cette vie champêtre et libre, quitter ce vieux château un peu délabré mais si cher et si aimé, dire adieu aux chevauchées éperdues, aux promenades en bateau, aux baignades, aux jeux et aux ris, pour retrouver Munich, sa froideur pétrie, sa société gourmée, son amidon et son ennui. C'est pourtant, dans ce Munich officiel, à un bal de la Cour, le premier peut-être, que Sissi sentira pour la première fois son cœur battre autrement que parce qu'elle a couru trop vite, ou que son cheval s'est emporté. Le journal qu'elle tient alors en grand secret et qu'elle cache au fond d'un tiroir, porte témoignage d'une ébauche d'idylle avec un jeune homme dont nous savons seulement qu'il est comte et se prénomme Richard. Il ne semble pas que l'attrait ait été réciproque ; la mort prématurée de ce jeune fat, qui ignore sa chance, évitera le malentendu et sans doute aussi l'opposition de la famille. Sissi nous a laissé à ce propos, des vers qui ne révèlent peut-être pas le don poétique d'une Louise Labbé, dont elle ne connaîtra pas l'expérience amoureuse, mais qui ont le ton de la confidence et ne manquent pas d'accent. Sissi ne fera pas « signe d'amante ». Elle connaît, cependant, un moment de mélancolie qui lui fait goûter et aimer Heine, qui deviendra son poète de prédilection, le Heine des « Junge Leiden » et du « Lyriches Intermezzo ». Elle a alors quinze ans. La vie fera mieux pour sa gloire, sinon pour son contentement intime.

Le château fami lial, côté lac. A droite, un trè beau buste de l fillette. "Heine de viendra son poèt de prédilection".

"L'année 1848 e pourlaMaisond'A triche une ann d'épreuves et deuil. Devant la volution triompha te (deux scènes celle-ci), la Cour dc quitter Vienne".

AUTRICHE

L'année 1848 est pour la Maison d'Autriche une année d'épreuve et de deuil. Devant la Révolution triomphante, la Cour doit quitter Vienne à deux reprises, une première fois pour se réfugier à Innsbruck, dans le Tyrol, la deuxième fois pour s'installer à Olmütz en Moravie. Le gouvernement de Metternich prend fin, en même temps que le règne de l'Empereur Ferdinand, qui doit abdiquer. Qui lui succédera ? Son frère, l'archiduc François-Charles ? C'est une nature timide, une tête légère, un caractère faible. Il est tenu pour incapable de régner. Pour le bonheur de la dynastie, il a épousé une femme qui possède toutes les qualités qui lui font défaut, Sophie, une Wittelsbach. Elle s'est, jusqu'à ce jour, tenue à l'écart de la politique. Elle passe pour avoir porté à l'Aiglon, son cousin, une amitié très tendre. D'aucuns prétendent même qu'elle ne lui refusa rien et vont même jusqu'à soutenir que Maximilien, le malheureux empereur du Mexique, est né de leurs amours coupables. C'est pure légende. Au vrai, elle servit de mère à cet adolescent, de six ans son cadet, que Marie-Louise, toute à ses amours, délaissait. Pour le reste, jusqu'en 1848, elle ne s'occupe que de l'éducation de ses enfants et s'adonne aux œuvres pieuses, car elle est bigote. C'est la Révolution qui la révèle à elle-même, en lui donnant l'occasion de dépenser les réserves d'énergie accumulées en elle par une existence creuse. Elle sait, alors, imposer son fils, soutenue par Windischgraetz, un homme à poigne, un militaire qui réduit les révolutionnaires par la force, et par Schwarzenberg, un diplomate qui sait les duper en promulgant une constitution qui est un chef-d'œuvre d'hypocrisie, car son apparence libérale voile la toute-puissance réelle d'une bureaucratie impériale, d'ailleurs bien organisée. Elle sera, il est vrai, abrogée deux ans plus tard : la comédie était jouée, on pouvait remiser le décor.

Le 2 décembre 1848, au palais archiépiscopal d'Olmütz, devant un parterre d'archiducs, de maréchaux, de prélats, de ministres, de dignitaires de tous ordres, Schwarzenberg peut lire, à la lumière d'un jour blafard, la déclaration que l'Empereur Ferdinand vient de signer :

« Des motifs graves Nous obligent à déposer la couronne impériale en faveur de notre bien-aimé neveu, Son Altesse impériale et royale l'archiduc François-Joseph, après que notre frère bien-aimé S.A.I.R. l'archiduc François-Charles a renoncé pour lui-même en faveur de son fils précité à tous les droits successoraux que lui conféraient les Règles de notre auguste Maison. »

Si Schwarzenberg donne, dans la forme tout au moins, quelque satisfaction aux aspirations libérales, il ne cède rien, par contre, aux revendications nationales. La répression est effroyable. On lui prête ce mot terrible : « Nous serons cléments par la suite, pour l'instant, il nous faut pendre encore un peu ». Mot auquel fait écho la très chrétienne déclaration du cardinal Rauscher : « Le silence des morts et des pendus est une garantie pour le développement du règne... ». En

Ci-contre, l'archiduc François-Joseph : il devient Empereur à l'âge de dix-neuf ans. "Il n'échappe au coup de feu d'un terroriste que grâce aux dorures du col de sa tunique".

Hélène, sœur ainée de Sissi. C'était elle que devait épouser l'Empereur... A droite, Sissi. "... Elle dira simplement : "Je l'aime déjà. Si seulement il n'était pas Empereur !"

Hongrie, où la révolte a été mâtée grâce à l'intervention des troupes russes, si Andrassy et Kossuth, qui ont pu fuir, sont condamnés par coutumace et pendus en effigie, le général autrichien Haynau fait exécuter plusieurs centaines de personnes, dont treize de ses collègues magyars, et envoie au bagne plusieurs milliers d'autres, dont les femmes de l'aristocratie. Le comte Battyani, qui avait cependant tenté de calmer les esprits, est fusillé à défaut d'être pendu, car il porte au cou la blessure qu'il s'est faite pour éviter une mort ignominieuse et qui refuse la corde. En Italie, Radetzki n'est pas de reste. Exécutions et emprisonnements se multiplient en Vénétie. En Lombardie, la fortune de 973 familles est confisquée. La haine répond à l'horreur. François-Joseph fait figure de bourreau alors qu'il n'a pas encore vingt ans. Il n'échappe au coup de feu d'un terroriste, Libenyi, que grâce aux dorures du col de sa tunique, qui amortissent la balle.

FIANCAILLES

Son fils sacré, l'ordre rétabli, le retour à l'absolutisme confirmé, l'archiduchesse Sophie pense à marier François-Joseph, et assurer, par là, l'avenir de la dynastie, sans pour autant négliger une opération politique dans le présent. C'est vers Berlin qu'elle se tourne d'abord : la puissance prussienne croît et la présence à Vienne d'une princesse Hohenzollern peut atténuer sinon éviter le choc qui se prépare. Lors d'une visite à Berlin, en 1852, le jeune empereur a trouvé fort à son goût, Anna, la nièce du roi Frédéric-Guillaume IV. La bonne mère croit la chose facile. La reine de Prusse n'est-elle pas sa sœur ? Elle se trompe ; en dépit de ses manœuvres et malgré son insistance, Berlin se dérobe. Il est manifeste qu'on veut, sur la Sprée, conserver les mains libres du côté de Vienne. L'archiduchesse se tourne alors vers la Bavière, alliée catholique naturelle contre les visées prussiennes sur l'Allemagne du Sud. Elle pense à Hélène, sa nièce, la fille aînée de sa sœur Ludowika. On imagine avec quel empressement et avec quelle joie, la demande est accueillie ! François-Joseph épousera, en effet, sa cousine, à cela près que la cousine sera, non pas Hélène, mais Sissi.

Comment cela s'est-il passé ? Selon certains auteurs dont Barrès s'est fait l'écho, François-Joseph se serait rendu à Munich ou à Possenhofen, à la fin de l'hiver 1854, pour demander officiellement la main de la duchesse Hélène. A son arrivée, la fantaisie le prend, pour se détendre du voyage, d'aller faire un tour dans le parc. C'est alors qu'il voit venir à lui une petite fée vêtue de blanc et d'une merveilleuse beauté. Elle approche et lui saute au cou. C'est Sissi qui l'a reconnu, non parce qu'elle l'a vu dans un miroir magique, mais plus naturellement d'après ses portraits.

Sissi à cheval : elle est âgée de dix-sept ans. C'est l'année de ses fiançailles. A droite, le portrait officiel de François-Joseph. "Son visage présente peut-être moins d'attrait que sa silhouette".

Selon une autre version, moins poétique sans doute, mais qui paraît bien être la bonne, la rencontre aurait eu lieu le 15 août 1853, dans les Alpes de Salzbourg, à Ischl, petite bourgade sur la Traune où l'empereur vient se délasser en été. C'est dans la simplicité grandiose de ce cadre de montagnes que les fiançailles d'Hélène doivent avoir lieu. De grand matin, une lourde berline, dont le toit plie sous les bagages, quitte Possenhofen emmenant la duchesse Ludowika et la promise. Le duc Max n'a, lui, pas voulu quitter sa campagne. Les réunions l'assomment même quand elles sont familiales. Sissi, on ne sait exactement pourquoi, est du voyage. Est-ce pour qu'elle retrouve son cousin Charles-Louis, le cadet de François-Joseph, qui éprouve pour elle une vive affection et qui la comble de petits cadeaux d'enfant ? Est-ce pour qu'elle rencontre sa marraine, la reine de Prusse qui est aussi attendue à Ischl ? Quoi qu'il en soit, nul n'aperçoit, alors, l'étincelle du pétard qu'on vient d'allumer.

Quand il voit Sissi, François-Joseph se rend compte qu'elle est plus jolie que sa sœur. Des yeux magnifiques d'un brun velouté, une peau très blanche, une abondante chevelure auburn en un beau désordre, une silhouette mince et élancée, un rien de négligé qui ajoute au charme en donnant de la vie, et par-dessus tout, quelle grâce ! A côté d'elle, Hélène dont la beauté est plus sévère et l'élégance plus conventionnelle, qui soigne sa toilette et arrange sa coiffure — son trousseau est fourni, alors que sa sœur doit se contenter d'une unique robe couleur de pêche, donne une impression de froideur et de sécheresse. Sissi, qui est plus jeune de trois ans, est à l'âge où, dans la femme qui apparaît, l'enfant mêle encore l'acidité piquante du fruit vert. Pour François-Joseph, c'est le coup de foudre. Dès le lendemain matin, il entre dans la chambre de sa mère et lui déclare tout net qu'il épousera Sissi et non Hélène que pour comble on appelle ridiculement « Néné ». L'archiduchesse ne l'entend pas de cette oreille. Hélène est plus âgée, plus stable, mieux préparée à la vie qui l'attend, alors que Sissi n'est qu'une gamine. L'épouser serait faire injure, non seulement à Hélène, mais à la famille ducale tout entière. Raisons, objurgations, prières, menaces même, ne viennent pas à bout de l'entêtement de ce fils respectueux qui, pour la première fois, ce sera malheureusement la seule, résiste à une mère qu'il révère et qu'il craint et à qui, il le sait bien, il doit d'être aujourd'hui empereur. Il lui faut être bien amoureux pour oser affronter, le jour même où il atteint ses vingt-quatre ans, ce potentat en jupon qui ne manque certes pas de cœur, mais qui place au plus haut la règle, la forme, la hiérarchie et les convenances.

Le plus surpris c'est ce bon duc Max, dans sa gentilhommière, quand il reçoit le télégramme : « L'Empereur demande la main de Sissi et ton consentement ». Il croit d'abord à une erreur de transmission et demande une confirmation qu'il obtient. Il ne semble pas qu'il ait éprouvé beaucoup de joie de voir sa fille préférée, son enfant de Noël, sa rose de Bavière, celle qu'il sent et qu'il sait si semblable à lui, s'engager dans une vie fausse, pompeuse, minutée, impersonnelle. Mais, peut-on refuser aussi brillant parti ? La réponse va de soi. Qu'en pense Sissi ? François-

Cette amusante gravure populaire montre les fiancés impériaux, en compagnie du duc Max, en barque sur le lac de Starnberg.

Joseph est certes séduisant : bel homme, aussi bon danseur que parfait cavalier, il porte avec aisance l'uniforme blanc, rouge et or à la tunique corsetée. Il est courtois, galant. Il a déjà l'habitude des femmes. Les comtesses « hygiéniques » l'ont déniaisé. La comtesse Elisa Ugarde a complété son éducation sentimentale en ajoutant une pointe de passion à la banalité du plaisir. Son visage présente peut-être moins d'attrait que sa silhouette : des cheveux blond roux, de gros yeux bleus sous d'épaisses paupières, les traits forts, la tête longue de François II que les favoris ne corrigent pas encore, et la lippe des Habsbourg sous une moustache alors absente. Il possède, au total, suffisamment de ces avantages extérieurs sur lesquels se fondent les mariages dits d'inclination, pour que Sissi n'ait pas à être forcée et que, biche craintive, elle ne soit pas effarouchée. Elle n'atteint sans doute pas le degré d'exaltation de son fiancé qui écrit à son cousin, le prince Albert de Saxe : « Je suis aimé comme un sous-lieutenant, heureux comme un dieu ». Elle dira simplement : « Je l'aime déjà. Si seulement il n'était pas empereur ! ». Vérité dont elle ne peut encore mesurer la profondeur ! Sans le trône, ils seraient peut-être finalement parvenus à vivre ensemble et à s'accorder durablement.

LES PREPARATIFS DU MARIAGE

Les fiançailles durent huit mois. Les princes ne se marient pas aussi vite que la canaille. Il faut, dans le cas présent, demander au roi de Bavière, chef de la famille, un consentement qu'il donne d'ailleurs, « avec un plaisir tout particulier » ; obtenir, les futurs étant cousins germains, une dispense que le Pape ne saurait, d'ailleurs, refuser aux deux plus vieilles familles catholiques régnantes. Il faut aussi confectionner le trousseau, discuter le contrat, préparer la cérémonie. Il convient, enfin, de préparer un peu Sissi qui n'a, jusqu'à ce jour, étudié qu'avec désinvolture. Petite, son institutrice devait parfois l'attacher à sa chaise pour qu'elle se tint tranquille. Elle est brillamment douée pour les lettres et pour les langues et se prête docilement, mais un peu tristement, à la recherche du temps perdu. Le mariage est pour demain, mais déjà la liberté s'écorne, les beaux jours de l'indépendance sont révolus ! La petite Sissi est morte, celle qui rentrait le soir la figure barbouillée de mûres, les vêtements déchirés, les mains sales et les chaussures égratignées.

En octobre, François-Joseph vient à Possenhofen, passer dix jours auprès de sa fiancée. Ce sont des promenades à travers la campagne jaunie par l'été et dans les bois dont le feuillage, en ce début d'automne, se colore de teintes éclatantes comme d'un fard pour masquer sa mort prochaine. Le fiancé, esprit positif, n'aime pas plus la nature, en dehors de la chasse, qu'il ne goûte les ouvrages de l'imagination et les travaux de la pure pensée. Mais la présence de Sissi lui fait

tout accepter. A Noël, nouvelles retrouvailles pour l'anniversaire de Sissi, ses 16 ans !

Le trousseau avance. Les couturières ont du mérite car Sissi fuit les essayages. Si la perfection de son corps la rend facile à habiller, tout lui va, son humeur y prête moins. A ce jour, elle a été très simplement vêtue de laine ou de toile, sans beaucoup d'ajustement. Elle n'aime guère se sentir maniée, retournée, épinglée, lacée, délacée, mesurée, par tout ce petit peuple qui vit de la mode et en impose les caprices comme autant de nécessités. Les cadeaux arrivent, bijoux, fourrures, dentelles... Ce qui séduit le plus la fiancée, c'est un perroquet rose sorti de la ménagerie de Schoenbrunn. Le 4 mars 1854, le contrat est signé. La dot de la future est modeste, à la mesure de la fortune de ses parents : 50.000 florins (soit 93.000 francs de Germinal) remis dès l'acte « par amour et affection paternels ». L'Empereur compense par une donation de 100.000 ducats (1.185.000 francs de Germinal) auxquels s'ajoutent les 12.000 ducats du « Morgengabe », le cadeau du matin, indemnité que l'époux verse à l'épouse pour prix de la virginité qu'elle a perdue dans la nuit. La pension annuelle de l'Impératrice s'élève aussi à 100.000 ducats qui représentent « les épingles » pour la toilette et les aumônes. Ce chiffre sera en fait et de beaucoup dépassé. Une somme de 100.000 ducats, c'est l'unité, est enfin assurée à l'épouse en cas de veuvage. Le 29, aux termes d'une déclaration solennelle, l'archiduchesse Elisabeth renonce à ses droits éventuels à la couronne de Bavière. Sissi a changé de patrie.

"La féerie prélude aux noces. La calèche ducale que tirent six chevaux traverse une Bavière décorée et enrubannée". Ci-dessus, le départ de Munich, alors que Sissi, debout, vient de passer sous l'arche principale du Siegestor (gravure en page de droite).

LE VOYAGE

Le 20 avril, c'est le départ de Possi, dans la joie et dans les larmes. Joie de la famille qui, en voiture au grand complet cette fois, avec un peu de mélancolie, sans doute, au cœur du duc Max, et quelque amertume dans celui de « Néné ». Elle se consolera quatre ans plus tard en épousant le prince de Thurn et Taxis qui, à défaut d'une couronne, possède l'une des plus belles fortunes d'Allemagne. Larmes chez les domestiques qui baisent les mains de la partante, quand elle passe la porte. Quand à Sissi, ce qu'elle éprouve a été admirablement pressenti par le ministre de Prusse qui, quelques jours plus tôt, écrivait à son souverain : « la jeune princesse semble appréhender la prochaine séparation de sa famille et de son pays : une ombre légère assombrit sa rare beauté ».

La féerie prélude aux noces. Le carrosse ducal que tirent six chevaux traverse une Bavière décorée et enrubannée. Chaque village coiffe la route d'un arc de triomphe de feuilles vertes et

dresse le long du parcours des mâts ou pendent des couronnes de fleurs. La voiture doit s'arrêter et ses occupants subir de bonne grâce le chant des enfants des écoles, l'hommage des notables et le discours du maire. François-Joseph est venu accueillir sa fiancée à Linz, où la famille ducale couche, pour reprendre aussitôt la route de Vienne. Le lendemain tout ce monde prend place sur le vapeur enguirlandé qui descend lentement le Danube dont les rives sont couvertes de villageois en habit de fête. Les flonflons des fanfares, les cris, les vivats, les épithalames, les bannières, les défilés créent une atmosphère de kermesse ou d'« Auberge du Cheval blanc ». C'est à Nussdorf que le ton devient officiel, encore que l'impatient « Franzi » ait sauté sur le bateau, dès la passerelle abaissée, pour serrer dans ses bras cette fiancée tant désirée, dont il maltraite la robe de taffetas rose. A Schoenbrunn, la règle reprend ses droits. Ses trois dames d'honneur sont présentées à l'Impératrice du lendemain : la vieille comtesse Esterhazy et ses cadettes, les comtesses de Lamberg et de Bellegarde. Toutes les trois ont été choisies par l'archiduchesse Sophie, pour la surveiller autant que pour la servir.

"... Le vapeur enguirlandé descend lentement le Danube dont les rives sont couvertes de villageois en habit de fête".

L'arrivée et le débarquement à Nussdorf. "C'est à Nussdorf que le ton devient officiel, encore que l'impatient "Frantzi" ait sauté sur le bateau, dès la passerelle abaissée, pour serrer dans ses bras cette fiancée tant désirée".

Vienne, grande et fière capitale... Ci-dessus, Sissi fait son entrée solennelle dans la ville, le 23 Avril 1854.

Alors qu'elle est brisée de fatigue et d'émotion, la pauvre Sissi reçoit au moment où elle gagne ses appartements, deux mémoires, l'un portant sur le « Cérémonial pour l'entrée solennelle de S.A.R. la sérénissime princesse Elisabeth duchesse en Bavière », l'autre exposant dans tout son détail « le Cérémonial pour le mariage de sa Majesté Impériale et royale François-Joseph... » Tout est prévu, les questions, les réponses, les temps, les mouvements, les levers, les assis, jusqu'aux génuflexions. Une cérémonie demande, comme tout spectacle, à être, sinon nécessairement répétée au préalable, du moins réglée à l'avance de façon minutieuse, pour éviter les dissonances et les fausses notes, les discordances et les faux pas. Certes, on peut trouver le cérémonial ridicule ou désuet. Mais si on le déroule, son processus doit être impeccable dans le style et selon le rythme exigé. Il ne faut ni hésitation, ni erreur, ni oubli. Chacun des participants est à la fois acteur et spectateur et sa personnalité temporairement s'abolit. On pense bien que Sissi n'est aucunement préparée à cette discipline et que sa nature ne la dispose point à s'y soumettre. Il est compréhensible aussi, qu'elle trouve amer, à la veille d'un si grand jour, d'avoir à travailler un rôle au lieu de se laisser aller à son rêve ou simplement de dormir. La tradition veut que le mariage, acte social autant qu'accouplement intime, soit ostensiblement célébré et que l'heure où la jeune fille devient femme soit publiquement connue.

LES NOCES

Elles se déroulent en deux temps ; les deux temps prévus par les Mémoires sur lesquels la future Impératrice a pâli : l'entrée solennelle à Vienne le 23 avril, la cérémonie religieuse le 24. L'entrée à Vienne consiste à se rendre en grande pompe de Schoenbrunn, le palais que Marie-Thérèse fit élever à la limite de la ville et qui s'épanouit comme Versailles au milieu des jardins, à la Hofburg, ce vieux château qui sent encore la forteresse et dresse sa masse austère au cœur de l'Altstadt. C'est comme un transfert du tribunal à la prison, pour lequel, il est vrai, le panier à salade est remplacé par un splendide carrosse dont les panneaux ont été peints par Rubens. Tout

IM NAMEN
der allerheiligsten und untheilbaren
DREIEINIGKEIT,

Wir, nachdem zwischen dem Allerdurchlauchtig-
sten und Grossmächtigsten Fürsten und Herrn
Franz Joseph I. Kaiser von Oesterreich
einerseits und dem Durchlauchtigsten Fürsten und Herrn
Maximilian Herzoge in Baiern,
Königliche Hoheit andererseits unter göttlichem Beistande
und zur Befestigung und Vermehrung der zwischen bei-
den Häusern glücklich bestehenden [illegible] Verwandt-
schaft und Freundschaft ein [illegible] Allerhöchsti-
ner Kaiserlichen Königlichen Apostolischen Majestät
mit der Durchlauchtigsten Prinzessin und Frau
Elisabeth-Amalie-Eugenie, Herzogin in Baiern,
zweiten Tochter Höchstgedacht Seiner Königlichen Ho-
heit des Herzogs Maximilian in Baiern [illegible]
[illegible]

Le palais de Schönbrunn. C'est de là que le cortège partira, en grande pompe, pour les cérémonies du mariage.

Ci-contre à gauche, l'acte de mariage.

A droite, le cortège et le carrosse de Sissi. "Un splendide carrosse dont les panneaux ont été peints par Rubens". – "Un même cri d'admiration jaillit de toutes les bouches quand Sissi apparaît".

En pages suivantes : l'escorte impériale.

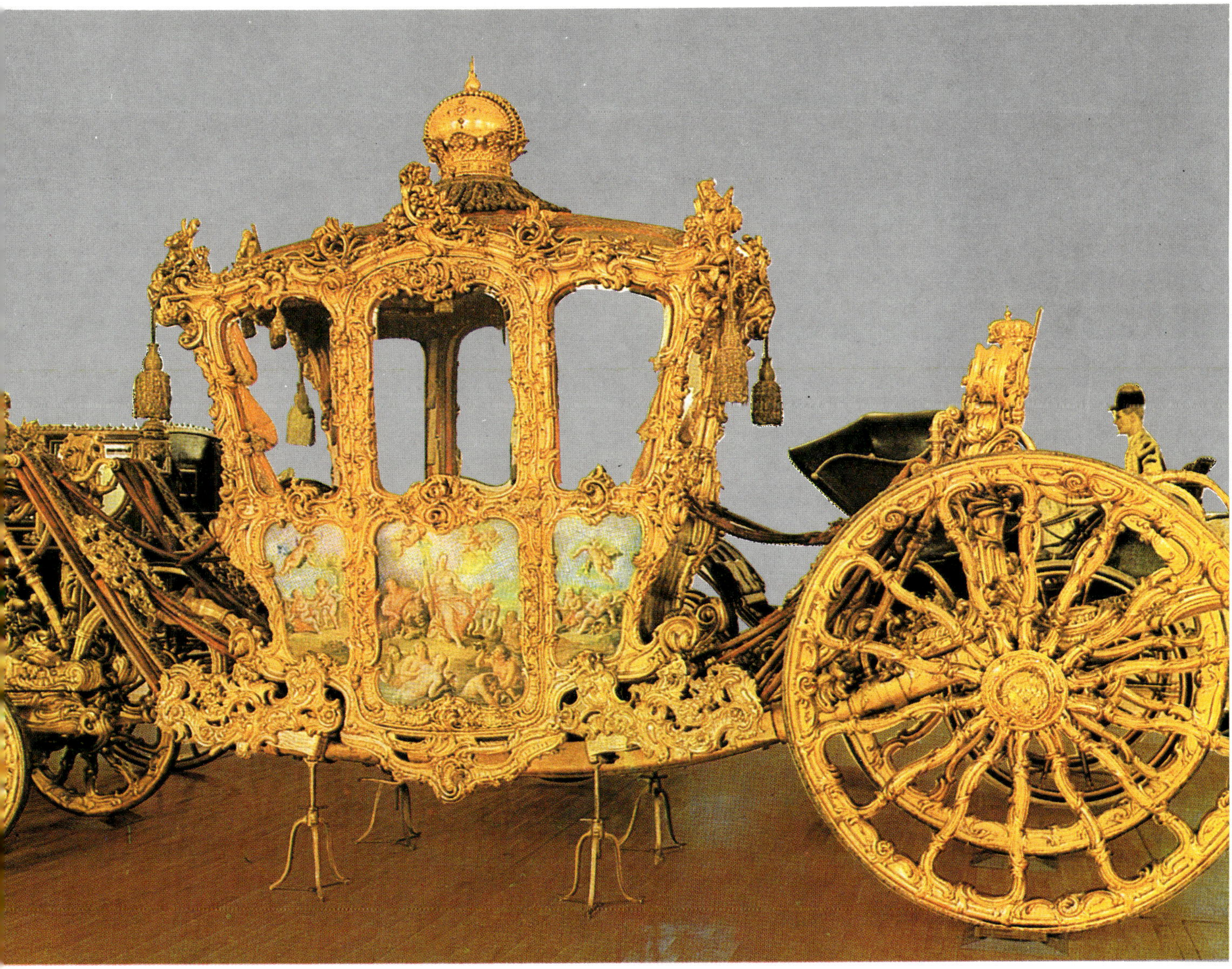

Le dôme de l'ent de la Hofburg, vieux palais qui d se sa masse aust au cœur de l'A stadt".
A droite : l'ég des Augustins, " roisse" de la fam impériale. "Sissi vance grande, sve pâle et belle d l'église dont les m sont tendus d'u tapisserie rouge"

Vienne est alerté. La société viennoise d'alors, qui mêle la joie de vivre au respect des usages, compte quatre classes, une première société qui comprend la noblesse ancienne, les grands dignitaires et les riches propriétaires. Cette société-là est dans le cortège ; une deuxième société faite des nouveaux barons, des industriels, des financiers. Ces gens-là ont loué les fenêtres et des balcons, comme des loges de théâtre. Les moyens et petits bourgeois, les « Biedermayer », comme on les appelle alors du nom d'un personnage créé par le romancier Pfau et qui est l'exact pendant, dans son contentement de lui, du Joseph Prud'homme d'Henry Monnier, n'ont pas craint, ce jour-là, de confondre dans la rue, leur tube et leur redingote sombre à la blouse et à la casquette des ouvriers. Les paysans, aussi, sont descendus de leurs montagnes ; les uns ont gardé leur petit chapeau à plume et leurs veste de laine, les autres ont revêtu la grande levite, le gilet à boutons de cuivre, la culotte à boucle et les bas blancs. Quel que soit le sentiment, devoir, snobisme, curiosité, attachement à la tradition, qui ait amené là cette population disparate, un même cri d'admiration jaillit de toutes les bouches quand Sissi apparaît, plus belle encore que ses atours. Le silence se fait cependant un moment, quand, à sa descente de carrosse, comme la portière est aussi basse que celle d'une voiture moderne, son diadème heurte le toit et menace de tomber. Une ombre alors sur son visage et son sourcil se fronce. Est-ce un présage ? Superstitieuse, Sissi n'est pas loin de le penser.

Le lendemain, le cortège se reforme pour aller cette fois de la Hofburg à l'église des Augustins où le prince-archevêque-cardinal Rauscher doit bénir les époux. La mariée est parée pour l'autel, comme Iphigénie le fut pour le sacrifice. Elle porte une longue robe de satin blanc brodée d'argent, qui pince sa taille mince et retombe en amples plis, une couronne de roses blanches et un voile de dentelle de Bruxelles. Le voile, comme le collier, les diamants, les brillants, comme le diadème, qui a menacé de choir, la veille à la Hofburg, ont été prêtés par l'archiduchesse Sophie, comme si la pieuvre avait cherché à dissimuler ses tentacules sous l'éclat des joyaux. Sissi s'avance grande, svelte, pâle et belle dans l'église dont les murs sont tendus d'une tapisserie rouge où se fond la robe des prélats. Les cérémonies religieuses ont toujours quelque chose de funèbre, comme si elles voulaient, même quand elles célèbrent la multiplication de la vie, rappeler la grande pensée de la mort. La lueur pâlote des cierges, la gravité des chants, l'attitude compassée des officiants offusquent ce climat d'allégresse qu'appellent les hyménées. L'Impératrice fréquen-

tera peu les églises.

L'éclat vient de l'assistance. A droite, dans la nef, côté des hommes, se pressent les uniformes dorés et chamarrés des généraux et des diplomates, les livrées de la force et de la ruse, les crachats de brillants qui rehaussent les grands cordons, les tenues rouge et blanc des Autrichiens, les dolmans bordés de fourrure des Hongrois, les brandebourgs des Polonais. Le côté gauche apporte la féminine réplique à ces paons orgueilleux qui font la roue. Les écrins se sont vidés de leurs bijoux. Les garde-robes ont prêté leurs plus éblouissantes toilettes. Les têtes les plus chenues sont aussi les plus ornées. Ce qui autorise un témoin à comparer, avec plus d'esprit que de galanterie, les diadèmes à des lanternes sur des démolitions. Le sermon d'usage est prononcé par le cardinal Rauscher qui doit son chapeau à l'archiduchesse Sophie. Il n'a, certes, pas manqué de lui soumettre son texte. Après avoir évoqué la grandeur de l'Empire, cité, sur l'amour et l'argent, une parole de saint Augustin où il est difficile de ne pas voir une allusion à l'inégale condition des époux, il invite les jeunes gens qu'il va unir à « être l'un pour l'autre comme deux réfugiés dans une île paisible au milieu des tempêtes, une île où croissent les violettes et les roses... ». Quand on sait la couronne d'épines qu'ils porteront et qui s'alourdira au fur et à mesure qu'ils vieilliront, on ressent l'involontaire ironie du propos. Non ! le prince-évêque de Vienne, s'il possède le don d'éloquence, n'a pas reçu celui de prophétie !

Quand les mariés quittent l'église, que les orgues se taisent et que les cierges s'éteignent, que Vienne s'illumine, car la cérémonie s'est déroulée à 7 heures du soir, l'air retentit du son mêlé des cloches et des canons, ces échos sonores du Trône et de l'Autel. Les badauds émerveillés se pressent aux portes pour acclamer ce couple impérial, à la vérité, si charmant de jeunesse et si rempli de gracieuse majesté qui retourne à Schoenbrunn dont les grilles demeurent ouvertes et répond pendant près d'une heure par des sourires et des saluts de la main aux vivats d'une foule inlassable et trépignante. Après le dîner servi dans la vaisselle d'or de Marie-Thérèse, c'est le tour des grands de ce monde qui viennent présenter leurs félicitations de façon moins bruyante certes, mais peut-être moins sincère. Il est une heure quand la « fête » s'achève. Douze pages porteurs de flambeaux conduisent à pas lents et en grand cérémonial les époux à leur chambre nuptiale. A ce moment se lève, au dehors, un vent violent qui renverse les cheminées des maisons et arrache les branches des arbres.

"Elle porte une longue robe de satin blanc brodé d'argent".
"Le prince-archevêque-cardinal Rauscher bénit les époux".
A droite, divers aspects de la cérémonie.

"Vienne s'illumine (en pages suivantes) car la cérémonie s'est déroulée à sept heures du soir, et l'air retentit du son mêlé des cloches et des canons".

ELISA

Deux places illuminées de Vienne, dans la soirée du 24 Avril 1845. "Les badauds émerveillés se pressent pour acclamer ce couple impérial, à la vérité si charmant de jeunesse et si rempli de gracieuse majesté" (à droite).

LENDEMAIN

Il n'apparaît pas que, la porte fermée, Franzi se soit comporté avec beaucoup de délicatesse. Son expérience se limite aux femmes faciles et rodées. Il est d'un tempérament fougueux. Voici des mois qu'il attend la fraîche et frêle Elisabeth dont les seize ans ignorent tout encore de ce qu'il est convenu d'appeler les réalités de l'amour. De cette première nuit, elle sort meurtrie et désenchantée. Le mari satisfait ne s'en aperçoit même pas.

Le lendemain, Sissi demande son petit déjeuner dans sa chambre. Première infraction à la règle qui veut que toute la famille impériale prenne le « Frühstück » ensemble, dans la salle à manger. La neuve épousée ne veut pas paraître devant cet aréopage attablé qui sait l'emploi de sa nuit et qui cherchera à lire à travers elle. Sa pudeur se révolte à pareille pensée. L'archiduchesse Sophie n'a caché ni sa surprise, ni sa réprobation quand elle a vu son fils se présenter seul. Elle l'invite tout bonnement à aller chercher sa femme. Le trop bon fils obéit et la ramène malgré sa réticence et ses supplications. Mais quand le repas « intime » terminé elle regagne ses appartements, c'est pour se jeter sur son lit en sanglotant. Les nerfs trop fragiles ont cédé. Le trop tendre tissu du cœur s'est déchiré sous le choc. Cette heure coupe deux parts dans l'existence d'Elisabeth : la vie libre et heureuse de Possenhofen ; la vie douloureuse et contrainte de la prison de Vienne et les tournoiements éperdus pour la fuir.

"L'Empereur Rodolphe II a, à la fin du XVIe siècle, introduit à Vienne la rigide et vétilleuse étiquette espagnole. Elle règle encore la vie de la Cour de François-Joseph".

LA COUR

Les courtisans appartiennent à la haute et richissime noblesse, aux familles qui ont soutenu la maison de Habsbourg, à l'heure de la Contre-Réforme, quand le protestantisme en expansion et l'idée républicaine en germe menaçaient l'autorité du Pape et le pouvoir de l'Empereur. Leur fortune date, non des Croisades, mais de la Diète de Ratisbonne. A ces Allemands, quelques magnats hongrois et un petit nombre de princes polonais viennent mêler leurs titres et ajouter leur arrogance. Les aînés vivent sur leurs terres et ne font à la Hofburg que des apparitions. Les cadets remplissent les emplois du château : gouverneurs, aides de camp, chambellans, et pour les filles, dames d'honneur. Les ministres ne sortent pas toujours de leurs rangs. De même que dans la monarchie de Louis XIV, la petite noblesse et le Tiers fournissent souvent les grands commis de l'Etat. Mais pour avoir accès à la Cour, il faut posséder au moins seize quartiers de noblesse. Comme les mésalliances sont rares, huit générations en pratique suffisent pour recevoir le ticket d'entrée.

L'Empereur Rodolphe II a, à la fin du XVIe siècle, introduit à Vienne la rigide et vétilleuse étiquette espagnole. Elle règle encore la vie de la Cour de François-Joseph, bien que le règne de Marie-Thérèse et de son époux François de Lorraine ait atténué quelque peu sa rigueur. Si elle demeure grave, elle n'est plus sinistre. La douceur de l'Autriche a fini par fléchir l'orgueil castillan. Mais pour apparaître moins anguleuse, moins grincheuse, moins pinailleuse, l'étiquette n'en continue pas moins de régler le détail de la vie quotidienne : lever, coucher, promenade, piété, audiences, visites, repas, saluts, révérences, choix de la vaisselle et va même jusqu'à réglementer la largeur des galons et la longueur des gants. Si l'Empereur accorde assez facilement des audiences, le grand maître du Palais ne laisse pénétrer dans le Cabinet impérial que ceux qui savent bien la leçon : faire en entrant trois saluts de plus en plus profonds, le premier quand la porte s'ouvre, le deuxième au milieu de la pièce, le dernier devant Sa Majesté, mais d'une distance suffisante pour qu'une poignée de main soit exclue. Même cérémonial en sortant car il ne faut jamais, au sens propre, perdre la face et montrer son dos. La retraite s'effectue par à-coups, en évaluant la distance et en appréciant au jugé la direction jusqu'à ce que la main complaisante d'un laquais en culotte verte vous récupère et vous guide, sans casse, vers la porte. Les repas ne sont pas une détente. Seul, à table, l'Empereur pose des questions auxquelles il faut brièvement répondre, et autant que possible par oui ou par non. Le repas terminé, les convives passent au salon. L'Empereur, qu'il y ait ou non du feu, s'installe près de la cheminée. C'est le « Feuersitzung » sans chaleur, même quand les bûches flambent. L'usage veut que l'on se groupe autour de lui et qu'on lui réponde avec la même économie de paroles. Toute conversation générale et, à plus forte

Au palais de la Hofburg. Un petit salon. Les fauteuils de la Salle des Gobelins. Les laques de la "Chambre des Millions". La salle à manger d'apparat. A droite, portrait officiel d'Elisabeth.

Cette gracieuse et sérieuse jeune fille, qu'une photographie représente sur un fond montrant son château natal, c'est la nouvelle Impératrice. La Manufacture de Porcelaine de Vienne n'est pas en reste qui, pour célébrer le mariage, produit ces deux sujets (à droite) aussi familiers qu'attendrissants.

raison, tout aparté, sont interdits. L'Impératrice est murée dans le même protocole. Elle ne peut recevoir qui elle veut. Sa société se borne aux dames de la Cour ; encore doit-elle distinguer, parmi elles, entre les attendantes qui doivent se faire annoncer et les admissibles qui peuvent entrer sans frapper. Elle ne peut sortir quand elle veut, mais seulement pour les déplacements officiels et sous escorte. Elle ne peut faire ce qu'elle a envie de faire car son emploi du temps est réglé à l'avance et chaque matin, une dame d'honneur lui rapelle le programme minuté de la journée.

Des fêtes profanes ou religieuses viennent couper le fil trop continu de cette existence. L'Empereur donne chaque année, deux grands bals, l'un le Hofball (Bal de la Cour) plus mêlé, l'autre le Ball bei Hof (Bal à la Cour) plus sélect. Ils comportent un souper par petites tables où est obligatoirement servi le bouillon de Marie-Thérèse, préparé selon une recette laissée par le cuisinier de la grande Impératrice. Chaque dame s'y voit offrir un bouquet, le bouquet de Marie-Thérèse, avec chaque année les mêmes fleurs et le même ruban. On juge par là de la toute-puissance d'une tradition aussi stupidement respectée ! En dehors des soirées officielles, l'hiver viennois est rempli des bals donnés par les sociétés de bienfaisance, toutes présidées par les archiduchesses et les diverses corporations. L'usage voulait que l'Empereur et la Cour y parussent. Le protocole franchit avec eux la porte du château, les accompagne quand ils arrivent à neuf heures et se retire avec eux à onze. Ces deux heures sont consacrées à un défilé solennel, à des présentations, à des courbettes accueillies avec componction et s'achèvent par une polonaise au rythme lent que les « Hoffähige » dansent entre eux avec toute la dignité qu'exigent leurs tenues d'apparat et ordinairement leur âge. Quand les fossiles sont remisés dans les vitrines de leur « Museum », le vrai bal commence, la Vienne joyeuse prend sa revanche et Johann Strauss, violon en main, retrouve sa souveraineté indiscutée.

Si la vie officie est imposée à Si Vienne reste Vi ne, malgré tout. Vienne de Joha Strauss et du *Be Danube*... (Ci-dess et en bas, à droit Le jeune couple i périal dans sa lo du théâtre de Hofburg.

ODEON-TÄNZE
für das
Piano-Forte
von
JOHANN STRAUSS.
172tes Werk.
Eigenthum der Verleger.
No 9851.
Preis 45 Xr C.M.
PARIS,
bei M. Schlesinger
LEIPZIG,
bei B. Hermann.
LONDON
bei Cocks & Comp.
MENDRISIO,
bei Pozzi.
Eingetragen in das Archiv
der Musikalien Verleger.

Fête religieuse publique : les souverains prient au milieu de la foule, au pied d'une colonne surmontée d'une statue de la Vierge. — A droite, Sissi, un an après son mariage. — En pages suivantes : promenade en calèche dans les environs d'Ischl, où l'Empereur possède une résidence, celle-là même où les époux se sont rencontrés pour la première fois.

Sous un régime catholique et clérical, que les Jésuites marquent de leur empreinte, les cérémonies du culte sont d'un faste qui insulte à la simplicité évangélique. Y assister est prudence à défaut d'obligation formelle. Chaque année, un grand pèlerinage d'Etat dont l'origine remonte à Rodolphe Ier, le fondateur de la dynastie, le « Frohleichnam » a lieu à Mariazell. C'est un grand acte de foi auquel participe la famille impériale au grand complet. Chaque vendredi Saint, l'Empereur, dans un élan préparé d'humilité chrétienne, lave les pieds de douze mendiants. Ce ne sont pas, il est vrai, d'authentiques mendiants que l'on est allé chercher sur la place, mais des mendiants fonctionnaires, inamovibles, rétribués, qui jusqu'à leur mort viendront tous les ans, présenter à l'Empereur à genoux, leurs pieds au préalable bien lavés et soigneusement curés. Le corps diplomatique assiste à cette pieuse parodie. Les représentants de la France voltairienne savent, au dire des témoins, y garder le plus grand sérieux. Ils s'abstiennent, même s'ils ont envie de rire, de ces railleries faciles que les fils de la Sainte Russie ne craignent pas de faire entendre.

Il est aisé de comprendre que cette vie de représentation permanente, dont toute intimité est exclue, où toute initiative est à l'avance condamnée, qui écarte tout imprévu, ne peut satisfaire une jeune Impératrice qui n'est nullement préparée à en admettre le fondement ni disposée à en accepter les servitudes. Lorsqu'elle courait dans la campagne bavaroise, Sissi parlait à un chacun, sans distinction de rang ni considération de personne. Elle s'arrêtait chez les paysans, entrait dans la ferme, jouait avec les enfants. La voici, désormais, l'idole prisonnière d'un culte. Le commun croit qu'elle règne : en réalité elle est soumise à une norme qui la domine et qui l'écrase. Sa première dame d'honneur lui a remis, pour qu'elle le médite, le protocole de la Cour, comme on remet le règlement à une nouvelle pensionnaire. Le monde où elle est condamnée à vivre lui apparaît vite pour ce qu'il est : un monde de façade, de convention, de calcul et de fausseté où chaque salut vise un but, où chaque sourire veut être payé. C'est, en outre, un monde d'automates dont le mécanisme est soigneusement huilé et régulièrement remonté. La voici happée par une lourde machine, sans cœur ni entrailles, dont elle n'est qu'un rouage, un rouage capital, sans doute, mais qui n'en est pas moins entraîné par le jeu des roues dentées dans une marche qu'il ne commande pas, vers une fin qu'il n'a pas choisie.

"... Sissi pouvait choisir entre deux attitudes : le refus ouvert, l'acceptation résignée. Elle prend une troisième voie..."
A droite, deux portraits de sa terrible belle-mère : "Le naturel despotique de l'Archiduchesse Sophie la dispose mal à abdiquer. Sa raison, ou son orgueil, lui dit que sa bru est bien jeune..."

L'ARCHIDUCHESSE SOPHIE

Mise en présence d'une telle perspective, Sissi pouvait choisir entre deux attitudes : le refus ouvert, voire bruyant ; l'acceptation résignée et silencieuse. Elle prend une troisième voie : faire ce qui lui plaît, sans rien dire, et tant pis pour S.M. le Protocole ! Sa jeunesse n'avait pas encore saisi que le pouvoir est la forme masquée de la servitude. Elle avait surtout compté sans sa belle-mère.

L'archiduchesse Sophie n'est pas de ces mères qui considèrent, leurs enfants mariés, que leur rôle est terminé. Son naturel despotique la dispose mal à abdiquer. Sa raison, ou son orgueil, lui dit que sa bru est bien jeune, bien ignorante, que ses conseils lui seront utiles, que sa direction lui sera nécessaire. Elle se montrera, certes, abusive et maladroite, mais il faut reconnaître que Sissi n'est pas facile à guider et encore moins désireuse de s'adapter. L'archiduchesse ne l'avalera pas aussi facilement qu'elle l'a fait de son pauvre époux. Elle ne la mènera pas aussi docilement que son fils qui d'ordinaire l'écoute et la suit, et sur lequel elle a une revanche à prendre puisqu'il s'est marié contre son gré. N'a-t-elle pas aussi un compte à régler avec cette petite fille, sa propre nièce, qui a mis sa volonté en échec ? Comment, dans ces conditions, cette mère autoritaire et humiliée serait-elle portée à aimer et amenée à comprendre cette toute jeune souveraine si différente d'elle, si capricieuse d'apparence, mais, au-dedans, si avide de recevoir et si prête à donner.

Les premiers heurts se sont produits avant même l'arrivée à Vienne de l'Impératrice désignée. Sissi, dans sa candeur a écrit à sa tante et future mère en la tutoyant et en la chargeant d'un message pour l'un de ses cousins. Le rappel à l'ordre n'est pas long à venir : ses lettres doivent être libellées « Bien aimée et très honorée archiduchesse ». Il n'est pas, en outre, d'usage de confier aux membres de la famille impériale des commissions pour les tiers. Pan sur les doigts !

On se représente la surprise et la colère de cette femme qui fut gracieuse et tendre mais que la vieillesse a rendue revêche, pour qui l'étiquette est une véritable liturgie dont l'immutabilité est le dogme et l'Empereur le dieu, en apprenant jour après jour les « fantaisies » de sa belle-fille ! Sissi n'a-t-elle pas demandé une baignoire ! Pour s'y tremper nue peut-être ? Jusque là la Hofburg s'est passée de cet outil d'indécence. Elle ne possède ni lavabo ni cabinets. Les pots et les cuvettes ont suffi jusqu'alors. Va-t-on tout changer pour cette impertinente ? Les femmes de chambre sont là pour apporter l'eau, et les valets pour évacuer les chaises percées. Ce n'est pas tout. L'Impératrice demande de la bière à table. Quand elle monte à cheval, elle laisse voir sa cheville et deviner sa jambe. Ne prétend-elle pas faire personnellement ses achats au Graben ou au Kohlmarkt, sortir en ville accompagnée d'une seule dame d'honneur, entrer dans les boutiques, parler aux vendeuses, comme une simple bourgeoise ? Elle se croit encore en Bavière. Le comble est qu'elle fait de longues marches en portant toujours la même paire de chaussures alors que l'usage exige qu'elle mette chaque jour une paire de chaussures neuves. Economie qui lui vaut, plus encore que les railleries de l'archiduchesse, l'hostilité de la valetaille qui tire ses petits profits de la revente des bottines à peine étrennées.

Ce sont à tout instant des remarques, des avis, des conseils faits ou donnés d'une voix sèche et d'un ton acerbe, sur sa tenue, sa toilette, la trop grande amabilité qu'elle montre ici, le trop long moment qu'elle demeure à parler là, le temps qu'elle met à s'asseoir ou à se lever... Sophie invite, en outre, les dames d'honneur de sa belle-fille à lui présenter de « Respectueux rappels » ou de « Respectueuses observations » qui ne sont déférents que dans la forme, car le fond est à l'ordinaire désagréable et vexant. Sissi ne peut accepter cette façon impérative de trancher de ce qui se fait et de ce qui ne se fait pas, d'entendre à longueur de jour répéter « il n'est pas convenable pour une Impératrice de... ». Elle n'est guère patiente et supporte mal d'être morigénée. Les vertes réponses ne sont pas longues à venir. Au premier dîner d'apparat où elle paraît, Sissi retire

“...Sissi ne prétend-elle pas faire personnellement ses achats au Graben ou au Kohlmarkt, entrer dans les boutiques, parler aux vendeuses ? Elle se croit encore en Bavière !” Que de trésors elle aimerait connaître, dans le simples rues de cette vieille capitale !

ALOIS CHRIST
1 STOCK
DORFER
KUNSTHANDLUNG ARTARIA & COMPAGNIE
APOTHEKE

ses gants pour manger plus commodément. L'archiduchesse lui dépêche une dame d'honneur qui lui rappelle avec plus d'impertinence sans doute que d'adresse, la règle qui veut qu'elle reste gantée. La réplique est immédiate : « Cette règle est désormais sans objet. Je ne remettrai pas mes gants ». Les pratiques religieuses elles-mêmes sont prétexte à conflit. La mère de l'Empereur affirme un catholicisme agressif et rigide. Nous dirions aujourd'hui que c'est une intégriste. L'Impératrice entend régler elle-même ses rapports avec Dieu. Elle refuse les oraisons à heure fixe, les confessions régulières, la dévotion ostentatoire, la mécanique grinçante des moulins à prière. N'est-ce pas là le germe et la pente du protestantisme ? L'archiduchesse se trompe. Sissi adore le Créateur dans les merveilles de la Création, dans les grands bois notamment, voûtés comme des cathédrales. C'est le panthéisme qui, plutôt, la guette.

Il est rare que les torts soient entièrement d'un seul côté. La manière dictatoriale, le manque de tact, l'indiscrétion de l'archiduchesse Sophie ne sont ni contestables ni contestés. Il semble cependant que sa belle-fille aurait pu faire preuve d'un peu plus de souplesse et montre d'un peu plus de bonne humeur. Elle aurait, surtout, pu distinguer ce qui était important de ce qui était futile, et, en faisant des concessions sur les points secondaires, résister d'autant mieux sur l'essentiel. Entre se laisser mener comme un enfant, un enfant d'autrefois, et dire « non » à tout, il y a place pour des attitudes plus nuancées. Mais rien n'est plus étranger à Sissi que l'esprit de concession. Elle met sur le même pied une réflexion bénigne sur un détail de toilette et une inadmissible intrusion dans sa vie intime. Il est vrai que les procédés de sa belle-mère sont parfois odieux. L'espionnage et le mouchardage sont ses armes. Les dames d'honneur de l'Impératrice lui rapportent tout ce qu'elle dit ou fait. Dans sa tentative de passer le mors à cette cavale rebelle, elle trouve des auxiliaires : le cardinal Rauscher qui est devant elle, plat comme une punaise ; le général Grüne, sa créature, qu'elle a placé à la tête de la Chancellerie impériale. Elle peut compter aussi sur une grande partie de la Cour que choque « l'excentricité » de la jeune souveraine, sur tous ces gens dont la nullité et la sottise sont stupéfiantes mais qui n'ignorent pas que la vieille archiduchesse qu'ils appellent entre eux « Unsere Kaiserin », notre impératrice, est omnipotente et que c'est elle qui distribue les faveurs et provoque les disgrâces.

Son premier été, le couple impérial le passe au château de Laxenbourg, une agréable et vaste résidence dans la campagne viennoise, avec un grand parc à l'anglaise et un joli lac, assez proche de la capitale pour que l'Empereur puisse chaque matin se rendre à la Hofburg et rentrer le soir. Sissi voit, au total, fort peu son mari qui, gros travailleur, est un lève et un couche tôt. Elle aimerait, pourtant, lui consacrer la meilleure partie de son temps. A défaut, pour éviter l'acrimonieuse présence de l'archiduchesse, qui a suivi, elle s'isole avec ses chevaux et ses chiens. François-Joseph ne peut ignorer cette mésentente qui s'acidifie, entre sa mère et sa femme, car il reçoit les doléances de l'une et les lamentations de l'autre. Il évite de prendre parti. Il n'approuve

e salon de l'Impé-
ıtrice à l'Opéra du
alais et son cabi-
et de toilette. Ci-
essus : une fête
opulaire dans la
our intérieure de la
ofburg. Ci-contre,
piano de l'Impé-
ıtrice, excellente
ıusicienne et in-
erprète.

Promenade dans allées du château Laxemburg, qu' remarque sur la g che de la gravure qu'on voit à dro dans son ensemb "Son premier été couple le passe une agréable et v te résidence dans campagne vienn se, avec un gra parc à l'anglaise un joli lac".

certes pas les méthodes de l'archiduchesse, mais la respecte et la redoute. Sans doute pense-t-il, même si la manière n'y est pas, que, neuve et inexpérimentée, Sissi a besoin d'être guidée. Ce refus de choisir, qui consacre le « statu quo », blesse la jeune femme et noircit encore la désillusion née du premier contact. Sissi voudrait accompagner « Franzi » à Vienne pour être près de lui à la Hofburg. Protestation de Sophie qui estime inconvenant qu'une Impératrice ait l'air de courir après son mari, comme si elle était la femme d'un petit officier. Une fois, le couple impérial passe cependant outre. Mais l'Empereur se fait gronder à son retour et n'ose plus recommencer. Il fait ainsi un pas de plus sur le chemin qui l'éloigne d'une épouse qu'il aime pourtant avec toute la passion dont il est capable.

Que se passe-t-il donc dans le cœur de cette terrible archiduchesse qui fut naguère si tendre et si compatissante et qui est devenue acariâtre, vindicative et exécrable ? Il est clair qu'elle a été mordue par tous les crocs de la jalousie. Elle est jalouse, parce qu'elle vieillit et que l'éclatante jeunesse de sa bru la relègue dans l'ombre ; jalouse de l'amour que son fils porte à la femme qu'il a épousée contre sa volonté ; jalouse de l'emprise que cette intruse, qui est aussi intelligente que belle, est en train de prendre sur un esprit qu'elle a jusqu'alors régenté ; jalouse de cette enfant qui, à seize ans, sans avoir rien fait pour le conquérir, accède à un trône impérial, sur lequel elle ne s'est jamais assise, elle qui s'en croit digne et se juge si capable de régner.

Sissi, aussi, se ronge le cœur. Elle prend la nostalgie de son pays natal, de Possi où la vie était si claire et si belle, de Munich même, où la vie de Cour demeurait si proche de la vie familiale. Elle éprouve ce qu'elle prend pour une mélancolie profonde et qui n'est, en réalité, que le début d'une neurasthénie qui s'accusera avec l'âge et le temps. N'ayant personne à qui se confier, elle ouvre son vieux cahier de vers et s'épanche dans des poèmes dont le souffle est court, sans doute, et l'incantation maigre, mais qui portent d'elle un témoignage précis et précieux. Le mot de prison y revient souvent.

LES ENFANTS

Bien qu'elles piquent parfois jusqu'au sang, ce ne sont encore que pointes d'aiguille entre la belle-mère et la bru. La naissance des enfants sera l'occasion d'affrontements plus violents, avant même, dès le début de la grossesse. Lorsque le ventre impérial s'arrondit suffisamment pour que la promesse devienne visible, l'archiduchesse Sophie fait enlever les barrières du parc pour que les Viennois puissent y pénétrer et constater, quand elle se promène, que leur Impératrice est enceinte. Tradition dont l'origine est ancienne et l'explication aisée. L'Empereur appartient à ses peuples autant que ses peuples lui appartiennent. L'hérédité assure la stabilité et la continuité du

pouvoir. Que de guerres sont, dans l'histoire, nées à l'occasion d'une succession vacante ! Il faut donc que l'heureux événement attendu soit non seulement publiquement annoncé, mais pour qu'un chacun se rassure, concrètement constatable. Sissi ne peut ou ne veut comprendre qu'elle a cessé d'être une femme comme les autres. Elle est, une nouvelle fois, blessée dans sa délicatesse et choquée dans sa pudeur. Il lui déplaît d'être exhibée comme une pouliche primée. Aussi se cabre-t-elle. Admonestée, prêchée, raisonnée, elle s'entêtera néanmoins dans son refus. Elle ne sort donc plus et demeure de longues heures enfermée à jouer avec ses perroquets. Nouvelle intervention de l'archiduchesse qui craint que l'enfant ne naisse avec le nez courbé des Bourbons. La charitable dame croit, ce qui donne la mesure de sa philosophie, que les nouveaux-nés ressemblent aux animaux que leur mère à trop longtemps regardés au temps où elle les portait.

L'enfant attendu naît le 5 mars 1855. C'est une fille à laquelle l'archiduchesse donne son prénom sans même consulter la mère. Elle est, bien entendu, et de droit, marraine. La Cour est déçue : ce n'est pas l'héritier mâle désiré. La déception n'est nullement dissimulée à Sissi qui en ressent toute l'humiliation. Il lui est refusé de nourrir sa fille et même de la garder près d'elle. L'implacable grand-mère brandit le règlement et confisque le bébé qui sera installé à côté de sa chambre. Une nourrice, robuste tyrolienne, lui donnera son bon lait. Une gouvernante, une « aja », la baronne de Welden, lui est désignée, sans que Sissi ait son mot à dire. Le médecin chargé de veiller sur sa santé, le Docteur Seebürger, est, comme par hasard, tout dévoué à l'archiduchesse. Quant à la mère, il lui sera seulement permis de voir son enfant à certains moments du jour, dont l'heure est fixée à l'avance et la durée calculée.

La chose se répète quand, le 15 juillet 1856, une deuxième fille naît qui reçoit, au baptême, le prénom de Gisèle, patronne de la Hongrie. Cette fois, l'Impératrice se révolte. Elle ne demande plus, elle exige. L'Empereur est très embarrassé. Il n'ignore point que pour s'entendre avec sa mère, il faut faire tout ce qu'elle veut. Mais, s'il adore sa femme, il sent aussi qu'elle est mal préparée à s'occuper des tout-petits et qu'en outre, n'obéissant qu'à ses instincts, qui heureuse-

Une photographie de Laxenburg.

ment sont nobles et bons, elle n'a qu'une très vague idée de ce que doit être une éducation, de la régularité qu'elle implique et des efforts de volonté qu'elle suppose. Aussi se montre-t-il hésitant. Il finit par faire valoir à l'archiduchesse que si « Sissi est un peu jalouse, elle est une épouse et une mère très aimante » et la prie de la laisser voir librement ses enfants. C'est pour Sissi, une demi-victoire, qui n'aura, d'ailleurs, pas de lendemain. L'humeur de Sophie s'aigrira encore et son autocratisme s'emploira à reconquérir le terrain perdu. La rancune ajoutera à la jalousie. Jusqu'à ce qu'elle meure, François-Joseph connaîtra, en dépit d'une dignité impériale qui le place au-dessus du commun, la mésentente classique qui ruine tant d'unions, entre une mère insupportable et une épouse insupportée.

Gravure montrant une Sissi quelque peu mûrie.

Réunion de famille, avec l'Archiduchesse Sophie et son époux.

Ci-dessous, Sissi et sa fille Gisela : dans ses bras, le fils tant attendu, Rodolphe.

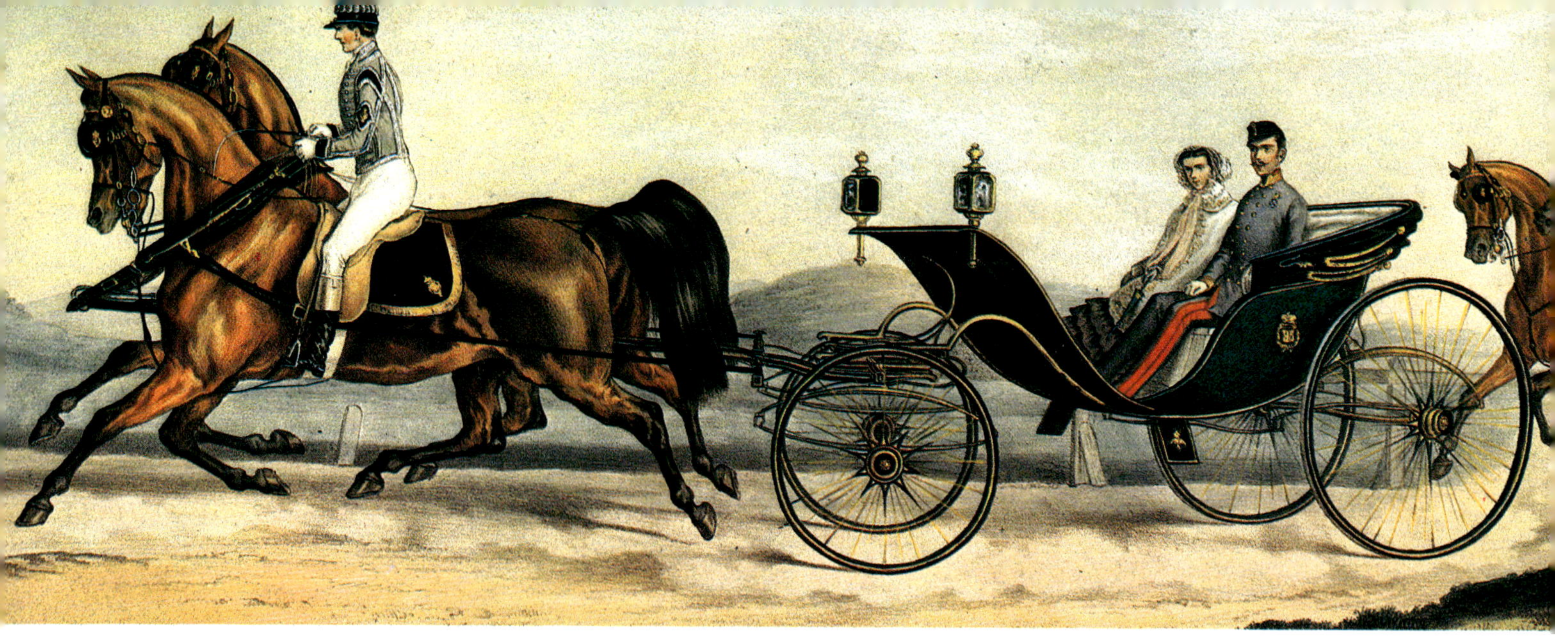

UNE BELLE SOUVERAINE

La politique est faite de brouilles et de réconciliations, de rappels et d'oublis, d'amitiés éternelles qui passent et de haines séculaires qui se prescrivent. Le temps paraît venu d'éprouver si la rancœur persiste au cœur des peuples qui se soulevèrent en 1848 et connurent une répression terrible et sanglante : l'Italie et la Hongrie. Une visite impériale en sera le meilleur test. Le ministre Bach qui ne manque pas de psychologie, conseille à François-Joseph d'emmener l'Impératrice avec lui. Il compte beaucoup sur sa beauté, sur sa grâce, sur son sourire pour panser les blessures qui saignent encore et gagner les cœurs demeurés rebelles.

Le fait est qu'Elisabeth, épanouie par sa double maternité, rayonne alors d'une beauté littéralement souveraine. Elle unit la fierté du port et la noblesse de la démarche à infiniment de légèreté gracile et de grâce souriante. Sous la masse ondulante et brillante de la chevelure dont le brun rougeoie, l'ovale du visage est pur, le dessin des traits délicat, le regard vif, le nez finement incurvé ; les narines paraissent prêtes à frémir au moindre souffle du vent. Ceux que la perfection chagrine et qui veulent à tout prix et en toute occasion trouver des défauts, remarqueront peut-être un « retroussis » trop accusé à la commissure des lèvres. L'émail des dents serait, aussi, un peu jaune et l'Impératrice soignerait sa diction pour éviter de les découvrir ! Ce langage est celui de l'envie. Il n'enlaidit que la bouche des médisants et des calomniateurs.

VENISE ET MILAN

Le couple impérial quitte Vienne le 17 novembre 1856. Il n'y sera de retour que le 15 avril de l'année suivante, après une absence de cinq mois. Le temps n'est pas encore venu des voyages éclairs entre deux avions ! La première visite est faite à l'Italie, cette Italie du Risorgimento que Cavour travaille avec toujours autant d'adresse et de persévérance, mais en se montrant de plus en plus provoquant. Le grand homme d'Etat sait qu'en cas de conflit, le Piémont aura l'appui de la France. Il a pénétré le caractère de Napoléon III et découvert le dessein permanent qui s'inscrit sur le fond mouvant de sa pensée nébuleuse et de sa volonté incertaine : la destruction des Traités de Vienne et la libération de l'Italie. La promenade comporte des risques. Les événements sont proches encore et la haine demeure vivace. Le poignard et la bombe n'ont pas, à cette époque, été relégués au rang des accessoires de théâtre. Les injures et les cris séditieux représentent le moins qu'on puisse attendre d'une population qui souffre depuis longtemps de l'oppression

autrichienne, de l'arbitraire de la police officielle ou secrète, du régime sévère des prisons et dont l'aspiration à la liberté est ancienne, vive et profonde.

La tournée débute mal : un incendie éclate à l'Hôtel de Ville de Trieste ; la couronne de cristal qui décore la tribune se brise en morceaux. Ce sera tout. Nulle part, la foule ne se montrera ouvertement hostile. Elle demeurera le plus souvent silencieuse... ou absente. Des vivats et des bravos retentissent parfois sur le parcours. C'est que la police, qui veille, a pris soin d'envoyer la brigade des acclamations, de pauvres bougres qui, pour une lire, crient leur amour de l'Empereur et leur attachement à la dynastie. Quelques arrestations préventives ont été opérées, et d'autres suspects ont été invités à s'éloigner.

Sissi découvre Venise dont elle subit l'envoûtement. Elle aspire l'air fiévreux qui monte de la lagune et qui pénètre cette vieille cité lacustre, cette ville de palais gothiques et de coupoles byzantines, de canaux et de gondoles, de splendeur et de déclin. Ne sent-elle pas, comme tous ceux qui l'ont visitée, la trouble odeur de mort qui filtre à travers les façades décrépies et les marbres fissurés ? Venise dont Chateaubriand a dit : « Venise est là, comme une belle femme qui s'éteindra avec le jour : ce vent du soir soulève ses cheveux embaumés, elle meurt saluée par toutes les grâces et tous les ornements de la nature » et dont Barrès dira : « Désespoir d'une

En haut : promenades en calèche. Ci-contre : les armes de l'Impératrice. On remarquera, dans la partie droite du blason, les couleurs de la Bavière.

En pages suivantes : la fastueuse réception réservée par Venise au couple impérial. A Milan le couple n'est qu'à moitié acclamé (à droite). Au théâtre de la Scala, accueil protocolaire (en bas).

beauté qui s'en va vers la mort : est-ce le chant d'une vieille corruptrice ou d'une vierge sacrifiée ? Au matin, parfois, dans Venise, j'entends Iphigénie, mais les rougeurs du soir ramenaient Jezabel ». Comment le romantisme latent qui sommeille au cœur de cette princesse allemande ne s'éveillerait-il pas à l'appel de l'ensorceleuse qui brisa l'amour de Musset et de Sand, détruisit la santé de Byron, et où Browing et Wagner choisirent de dresser leur lit funèbre ? Comment l'Impératrice désabusée n'entendrait-elle pas la voix de cette reine de l'Adriatique, naguère fastueuse, opulente, rayonnante de gloire et ruisselante de richesse, qui n'offre plus que les débris branlants de sa splendeur disparue et dont l'être même est menacé ?

C'est dans le décor d'opéra de cette Venise décadente que Sissi fêtera son anniversaire et passera Noël. C'est là aussi que pour la première fois, elle verra le visage hideux de la haine. Possenhofen n'avait été qu'un bain de tendresse. Vienne suait sans doute la contrainte et l'ennui, mais les regards n'y étaient pas meurtriers. Le pire, c'est peut-être le vide qui se crée à chaque pas. La plupart des familles patriciennes ont quitté la Cité des Doges. Les rares Vénitiens qui répondent aux invitations impériales sont insultés quand ils retrouvent leurs barques et menacés d'être jetés à l'eau. A Milan, c'est pire encore. Non seulement la noblesse ne se montre plus dans la loge que chaque famille qui entend faire figure se doit d'avoir à la Scala, mais elle s'y fait représenter par des laquais en livrée noire. Si les murs des salons de réception sont tendus de rouge et de blanc, couleurs de l'Autriche, les tapis sont verts, couleur complémentaire du Piémont. Les lustres des plafonds se reflètent sans peine sur les parquets déserts des salles de bal. Un invité sur dix, à peine, assiste aux concerts. C'est la fuite, l'absence, l'ignorance, le mépris insultant !

Sissi, dont l'hypersensibilité ne peut être que violemment affectée, pourrait répondre à ces défis par la colère, demander rageusement des sanctions, ou bien encore retourner à Vienne où les vexations qu'elle a subies n'ont pas ce poids de vindicte ni ce fonds d'implacabilité. Sa manière est toute différente. Alors que François-Joseph s'indigne, elle comprend que l'accueil reçu est le prix payé par la sanglante répression qui a endeuillé l'Italie du Nord moins de sept années auparavant. Comment, si légers que soient les peuples, pourraient-ils avoir oublié le sang versé, les

souffrances endurées, la prison, les confiscations, alors que les mères pleurent encore, que les veuves n'ont pas quitté le noir et que les orphelins sont toujours des enfants. Inlassablement l'impératrice visite les écoles, les orphelinats, les couvents, les hôpitaux. Elle obtient de l'Empereur un décret d'amnistie générale, la levée des séquestres, la réduction des impôts. Elle fait, au château de Milan, fermer le musée où sont exposés, avec un manque de goût que double l'absence de sens politique, les instruments de torture de la répression judiciaire. Enfin, le gouverneur, le général Radetski, une brute, est, à sa requête, mis d'office à une retraite qu'il a bien méritée, car il est âgé de 91 ans. Pour le remplacer, François-Joseph fera appel à son propre frère, Maximilien.

La comtesse Esterhazy, qui fait partie du voyage, rend fidèlement compte à sa véritable « patronne » l'archiduchesse Sophie, des interventions de l'Impératrice et sa croissante influence sur l'esprit de l'Empereur. Elle s'indigne de voir « Sa Majesté se commettre avec des sans-culottes et prendre le parti des voyous ». La vieille Camera Mayor sait où et comment il faut flatter. Aussi, plus que jamais l'archiduchesse se croit indispensable. Ce n'est pas seulement le respect de l'étiquette qui dépend de sa vigilance, c'est le salut de l'Empire ! A vrai dire, si chacun est, en Italie, sensible au charme de Sissi et rend, « in petto », hommage à son affabilité et à sa bonté, ce n'est pas assez d'une jolie femme pour faire oublier les flots de sang versé, ni pour remiser les aspirations nationales insatisfaites.

lisabeth et Fran-
s-Joseph partent
ır Budapest. La
ıitale hongroise
attrayante... Sissi
met à aimer ce
ys dont elle a en-
pris la pacifique
ıquête".

BUDAPEST

Il en ira différemment en Hongrie. François-Joseph et Elisabeth partiront pour Budapest le 3 mai 1857. Cette fois, Sissi a emmené avec elle ses deux filles. L'archiduchesse a eu beau protester, elle l'a exigé et a gagné la manche. Tout ce que Sophie obtient c'est que son cher Docteur Seebürger les accompagne et veille sur elles. La capitale hongroise est une ville attrayante que le Danube sépare en deux moitiés contrastées : la vieille citadelle de Buda sur la rive droite, place forte qui domine le fleuve de la hauteur superbe de son rocher ; Pest, la ville neuve et basse qui étale dans la plaine les larges rues de ses quartiers aérés. Le premier accueil est froid. Les familles décimées par la répression de 1849 se tiennent à l'écart, comme en Italie, et l'orchestre des bals joue devant des salles vides. L'Impératrice adopte la même tactique et obtient les mêmes mesures de clémence. Andrassi qui n'a été pendu qu'en effigie, est autorisé à rentrer. Mais là, le cœur de Sissi se prend. Elle se met à aimer cette Hongrie dont elle a entrepris la pacifique conquête par la douceur de son sourire et l'inaltérance de sa bonté. Elle l'aimera avec cette absence de mesure qui est, sans doute, le trait dominant de sa nature. Elle sera, elle-même, conquise par la terre et

.a douceur de son
urire, l'inaltéran-
de sa bonté..."
-dessus : le cortè-
impérial passe à
oximité du pont
ıi relie Buda et
:st — et nommé
Pont Elisabeth".

les hommes, la vaste plaine de la putza où les chevaux courent en liberté, le peuple fier, intrépide et turbulent. Chez les magnats, sa passion du rare sera satisfaite par les coffres sculptés et peints, héritage du Moyen Age, les bijoux d'or et d'opale, les sabres courbes à poignée ciselée et fourreau d'argent. Les campagnes la raviront avec les costumes pittoresques des paysans, les pantalons brodés qui donnent aux hommes une apparence de déshabillé féminin, les robes aux couleurs vives qui, lorsqu'elles dansent, découvrent les jupons amidonnés des femmes. Elle se délectera du folklore, des czardas frénétiques, de la musique énervante et câline des violons tziganes, de la poésie nostalgique et sauvage qu'elle lit dans le texte, car elle n'a pas cané devant les pièges de la langue. Et puis, l'archiduchesse Sophie déteste les Hongrois. N'est-ce pas une raison de plus pour les préférer ?

Cet amour est payé de retour. Les seigneurs qui, un siècle plus tôt, se sont montrés sensibles à la beauté et à la détresse de Marie-Thérèse, au point d'oublier son sexe, de l'appeler leur roi, parce que leur Constitution réserve la Couronne aux mâles et d'offenser volontairement la grammaire pour lui donner leur sang et leur vie, ne peuvent demeurer indifférents à un aussi évident souci de les comprendre et de leur plaire. Elisabeth leur parle en hongrois, passe les revues à cheval, ne dissimule pas les sentiments qui habitent son cœur. Sa prestance, sa cambrure, le prestige de sa personne et la franchise de son accueil séduisent ces hommes sensibles sous leur écorce rude. Peu à peu les visages s'éclairent, les mains se tendent et les acclamations crépitent lorsque apparaît cette élégante et intrépide cavalière que le peuple appellera la Reine des Amazones, suprême hommage dans sa bouche, comme dans son cœur.

RETOUR

Le malheur va frapper son premier coup au plein de cette euphorie. Alors que l'Empereur et l'Impératrice poursuivent leurs visites dans les provinces, un télégramme les rappelle à Budapest. L'aînée des petites filles, âgée de deux ans, est au plus mal. Elle mourra le 28 mai. Quand le couple impérial regagne Vienne, il traîne derrière lui un petit cercueil. L'archiduchesse Sophie n'incrimine aucunement le Docteur Seebürger qui, la veille du décès, assurait encore qu'il n'y avait rien de grave. La mort de l'enfant punit l'incurie et l'impiété de la mère. Ce voyage écourté portera néanmoins des fruits, mais il faudra dix ans pour les mûrir.

Le choc est rude pour Sissi. De mince, elle devient maigre. Son teint ternit, ses joues se creusent. Elle traverse pendant des mois, un état pénible de dépression physique que nourrit un violent chagrin. Sa douleur si poignante n'arrête pas les tracasseries de sa belle-mère qui lui refuse le silence et la solitude et ne cesse de la poursuivre, son Code à la main. Les souffrances intimes la détournent du rôle politique qu'elle commençait à tenir avec autant d'aisance que d'efficacité. Le reproche n'a pas manqué de lui être fait de s'être désintéressée des affaires dites publiques, fort secrètes en réalité, à l'époque, et de ne pas avoir apporté à François-Joseph le soutien moral qu'il pouvait attendre d'elle. Sans doute, n'avait-elle guère de goût pour ce que nous entendons d'ordinaire par politique, c'est-à-dire, en marge de la fonction essentielle qui est de prévoir et de pourvoir, les promesses que l'on fait solennellement avec l'intention secrète de ne les pas tenir, les traités que l'on conclut en s'ingéniant à y glisser une clause, apparemment anodine, qui permettra de ne les point respecter, le recours à la duplicité quand on se sent faible, et à la brutalité quand on se trouve raffermi, et tous ces calculs sordides et cet hypocrite égoïsme qui se dissimulent sous le couvert de la Raison d'Etat. Mais elle convenait admirablement à ce que nous appelons aujourd'hui les relations publiques. Elle a, en outre, fort bien défini elle-même le rôle discret des épouses des Grands : « Pour aider les hommes dans leurs affaires, elles ne doivent pas leur souffler des conseils et des pensées, mais, par leur seul contact, éveiller et faire mûrir en eux des idées et des résolutions. » Présente, elle l'a toujours été aux mauvais jours. Peut-on raisonnablement lui reprocher de n'avoir pas suivi l'exemple de Marie-Antoinette, la dernière reine de l'ancienne France, ou doublé Eugénie, notre dernière Impératrice, dont l'influence fut si néfaste et dont les interventions s'avérèrent si malencontreuses ?

François-Joseph ne montre, d'ailleurs, aucun souci d'associer sa femme à ses travaux. C'est sans regret qu'il la voit, au retour de Hongrie, s'enfermer dans son chagrin et, le deuil officiel levé, reprendre, pour s'y confiner, sa vie de banal apparat. Il en ira de même, plus tard, avec son fils Rodolphe qu'il ne cherchera aucunement à préparer à sa tâche à venir. Il est trop jaloux de

"L'ainée des petites filles mourra le 28 Mai. Le choc est rude pour Sissi. Son teint se ternit, ses joues se creusent. De mince, elle devient maigre".

Ci-dessous : "Erzsébeth" en robe magyare.

Le salon bleu de Schönbrunn

son autorité, trop exclusif, trop méticuleux pour admettre, même si c'est lui qui, en définitive, tranche, ces discussions qui se déroulent dans cette atmosphère d'égalité que même l'étiquette la plus stricte ne peut exclure tout à fait entre proches. Il sent bien que Sissi est à la fois plus intelligente et plus intellectuelle que lui, lui qui aime à s'entourer de médiocres pour mieux affirmer son ascendant. La plupart de ses ministres sont et seront d'obscurs travailleurs et de pointilleux surveillants. Schwarzenberg sans doute fait exception, mais François-Joseph ne l'avait pas lui-même choisi. Il l'avait reçu avec son trône, en 1848. Cet ancien diplomate, ce Don Juan, qui fit des ravages dans l'aristocratie anglaise, sera le seul homme d'Etat qui comptera à son service. La mort le lui reprit en 1852. Entre ces deux années proches et extrêmes se situent à la fois l'aube et l'apogée du règne. L'Autriche, en même temps qu'elle rétablit l'ordre chez elle, fait reculer la Prusse et retrouve du même coup son autorité en Allemagne et son prestige en Europe. Aux ministres de cette trempe, il préférera les Kubert, les Buol, les Taaffe, ces conservateurs attristés que le mot de réforme effraie et qui n'auront de vues que quotidiennes, timides, hésitantes et bornées. Il y a donc quelque injustice à faire grief à Sissi de n'avoir pas occupé une place qui ne lui a jamais été offerte. Craignait-on d'entendre la voix de cette Cassandre qui annonça prophétiquement qu'un jour on verrait des milliers de drapeaux rouges flotter aux fenêtres de Vienne ?

UN AVERTISSEMENT INUTILE

Au retour des voyages de réconciliation, Sissi, en pénétrant un soir dans sa chambre, trouve mis en évidence sur la table de nuit, une plaquette dont le papier jauni atteste la vétusté et qui porte en exergue : « Avis important à la branche espagnole sur ses droits à la Couronne de France à défaut d'héritiers et qui peut être utile à toute la famille de Bourbon, surtout au roi Louis XVI ». C'est un exemplaire d'un vieux libelle anonyme écrit contre Marie-Antoinette que la timidité de son royal époux laisse stérile. La reine s'y voit rappeler qu'elle doit vivre en bonne intelligence avec ses tantes (les sœurs de Louis XV), que son rôle est de donner des fils et non des avis, qu'elle n'a pas à se mêler du gouvernement, que faute d'apporter des héritiers à la Couronne, elle sera considérée dans le royaume comme une étrangère et même comme une ennemie dangereuse... Le tout, lié à des considérations du genre le plus déplaisant et relevé des commentaires les plus injurieux. L'allusion est claire. Il suffit de remplacer les tantes du « Bien Aimé » par l'archiduchesse Sophie, les avis par les mesures de clémence suggérées en Italie et en Hongrie, pour passer sans effort de Versailles à Vienne. Si l'archiduchesse n'est pas elle-même l'auteur de cette goujaterie, la main qui a sournoisement lâché le poulet devait être, pour le moins, assurée

**te gravure, pré-
dument réalisée
axenburg, est à la
ire... du Kron-
nz Rodolphe,
s son petit ber-
u. Il est né le 21
ût 1858 (un peu
s de quatre ans
ès le mariage de
parents).**

de sa protection. Sissi a déjà subi bien des vexations et essuyé bien des affronts. Mais cette fois, la mesure est comble. C'est à pleurer de dégoût !

Ce coup bas se révèle vite inutile. Lorsque l'année s'achève, l'Impératrice est de nouveau enceinte. L'enfant qui naîtra au Château de Laxenbourg, le 21 août de l'année suivante, sera cette fois le fils attendu. Il recevra le prénom de Rodolphe, comme le fondateur de la dynastie dont il porte les espoirs sur ses petites épaules. Il est frêle et pas très bien venu. L'allégresse est cependant générale, la joie de l'Empereur n'a pas de borne. Retirant sa toison d'or, il la passe au cou du nouveau-né comme un hochet d'argent. Sissi a connu des couches difficiles et une fois de plus sa pudeur a été offensée par toute cette publicité qui entoure les naissances impériales et royales. Moins encore que pour ses filles, il n'est, en outre, question de lui permettre de l'élever. L'archiduchesse est plus revendicative que jamais et l'Empereur, conscient du danger qu'il y aurait à laisser à cette épouse chérie, bonne et tendre, mais fantasque et impulsive, l'éducation de l'héritier des deux couronnes, est enclin à lui donner raison. Ainsi, cette naissance, que tous saluent comme un événement heureux, porte au cœur de l'Impératrice un nouveau coup, en devenant l'occasion d'un nouveau combat où elle est, à l'avance, vaincue.

Touchantes images, comme il en est tant, d'un tout jeune enfant. Celle reproduite ci-dessous montre que Rodolphe n'est pas, toutefois, d'essence commune. A droite, ces bons bourgeois avec leur progéniture et leur chien, c'est le couple impérial.

A gauche, la gloire de l'armée impériale. Mais la réalité militaire, c'est aussi cet épisode (ci-contre) de la bataille de Solferino, le 24 Juin 1859.

LA GUERRE

Le prince impérial n'a pas encore huit mois que la guerre éclate en Italie. François-Joseph, qui règne depuis dix ans, a su jusqu'alors éviter les conflits extérieurs. Il a refusé de se ranger aux côtés de la Russie lors de la guerre de Crimée, en dépit de l'aide qu'il en a reçu pour mater la révolution hongroise cinq ans plus tôt, parce qu'il mûrit des visées balkaniques. Le Tsar Nicolas Ier dira à cette occasion : « Les deux souverains les plus bêtes de l'Histoire sont Sobiejki et moi, car nous avons sauvé la Maison d'Autriche ! ». Il n'a pas, pour autant, conquis les sympathies de la France et de l'Angleterre, car ses tergiversations, son refus, en définitive, de prendre parti, ont fait croire à sa duplicité. Mais cette fois, l'Autriche est directement visée. Cavour veut cette guerre ; il estime que l'unité italienne dont il s'est fait le champion ne se réalisera pas sans un conflit armé avec l'Autriche, que seule une défaite militaire peut convaincre de renoncer à la Lombardie et à la Vénétie. Dix ans plus tard, Bismarck pensera, également, que l'édifice de l'unité allemande ne peut être cimenté que par le sang, le sang français, cette fois. Pour mettre Napoléon III dans son jeu, il a fait preuve d'une rouerie stupéfiante et d'une astuce diabolique, évoquant tour à tour la gloire acquise par le Premier Napoléon dans la plaine d'Italie et les souvenirs de la sédition de la Romagne à laquelle le futur Napoléon III a participé, invoquant le principe des nationalités dont il est féru, faisant miroiter le prestige qui nimbe les libérateurs des peuples opprimés, les protecteurs des faibles. Il voit l'Empereur des Français avec les mêmes yeux que Drouyn de Lhuys : « un homme qui a des prétentions immenses et des capacités bornées, qui veut faire des choses extraordinaires et n'en fait que d'extravagantes », mais pour en profiter. Le Piémontais n'a reculé devant aucune démarche : il va voir secrètement Napoléon III à Plombières ; il n'a écarté aucun moyen : il glisse dans le lit impérial sa belle cousine, la Castiglione. Ce petit homme gras, au visage rose et doux qu'entoure un collier de barbe, au regard scrutateur derrière ses petites lunettes, toujours vêtu de gris et cravaté de noir, à l'aspect de tabellion de province, saura libérer l'Italie de l'ancestral joug allemand. Il est le plus grand homme d'Etat du XIXe siècle, l'un des plus grands de toujours et de partout.

Napoléon III a promis à Cavour la libération de l'Italie « des Alpes à l'Adriatique », mais sous réserve que l'Autriche attaque en premier. Le Piémont s'ingénie donc à créer des incidents, multiplie les points de friction, accumule les insolences, en même temps qu'il se livre à de provocantes manifestations militaires. L'Autriche a connu, en 1850, un état de tension analogue avec la Prusse (alors que Schwarzenberg était ministre des affaires étrangères) qui avait envahi la Hesse Cassel. Un ultimatum lancé de Vienne avait suffi pour obtenir le retrait de ses troupes. Fort de ce précédent, l'Autriche de Buol somme le Piémont de réduire ses effectifs dans un délai de trois

Fort nombreux sont désormais les portraits officiels du couple impérial mais ils ne sauraient faire oublier le cœur ni la nature profonde de chacun des époux. Pendant la guerre d'Italie, leur correspondance prend un tour très tendre, "surtout de son côté à lui : elle est son bon ange, sa céleste Sissi. Il signe : "ton petit homme"...

jours et de licencier ses milices. Cette fois le défi est relevé ; comme le sera en 1914 le cartel que l'Autriche de Berchtold adressera à la Serbie. La Maison d'Autriche a négligé le conseil du vieux Metternich : « Pas d'ultimatum, surtout pas d'ultimatum ! ».

François-Joseph, qui a pris lui-même le commandement de l'armée, néglige d'écraser les Piémontais avant que les Français n'aient le temps d'arriver, ce que la supériorité des effectifs permettait de faire. Cette occasion manquée lui vaut deux défaites, à Magenta et à Solférino, les 4 et 24 juin 1859. Bien qu'il ait les moyens de continuer la lutte, François-Joseph demande un armistice à Napoléon III qui, jaloux des lauriers que l'oncle a cueilli en 1796, a pris de son côté la direction militaire ; accordé, il est signé à Villafranca. Les deux souverains ont été écœurés par les affrontements sanglants dont ils ont été les témoins. De nombreux blessés ont péri faute de soins. La Croix Rouge d'Henri Dunan sortira de ce charnier. Ils ont aussi reçu l'un et l'autre de mauvaises nouvelles : la Hongrie s'agite et la Prusse mobilise. L'Autriche cède la Lombardie, mais conserve la Vénétie. C'est une transaction qui deviendra une étape. Elle ne satisfait, sur le moment, personne. François-Joseph, qui aurait pu payer plus lourdement ses fautes, n'en appellera pas moins Napoléon III « der Erzschuft (gredin) von Villafranca ». Cavour, fou de colère, démissionne et claque la porte en s'écriant : « Votre Empereur m'a déshonoré ! Je me ferai conspirateur, je me ferai révolutionnaire ! ».

LENDEMAIN DE DEFAITE

Le départ de François-Joseph pour la guerre d'Italie a marqué la première séparation conjugale, la seule qui soit son fait, car toutes les autres seront voulues par Elisabeth. Elle aurait souhaité le rejoindre aux armées. Les nombreuses lettres demandent, inlassablement, la permission de venir. L'Empereur refuse, ce que tout le monde, sauf Sissi, peut comprendre. Il le fait, en outre, avec beaucoup de gentillesse et de tendresse. Il consacre à lui répondre un temps précieux et tente de la convaincre que sa place est à Vienne et que son rôle consiste à visiter les hôpitaux où les blessés arrivent. C'est, d'ailleurs, ce qu'elle fait spontanément, consolant ceux qui souffrent avec de douces paroles, se penchant avec un tendre sourire sur ceux qui vont mourir. Elle n'en persiste pas moins à regretter de ne point être aux côtés de son mari pour l'assister et le réconforter ; le conseiller aussi, car elle est la première à recommander l'armistice.

A son retour à Vienne, l'Empereur procède aux obligatoires redressements et aux nécessaires épurations qui suivent les défaites. Lui qui, le cas est rare chez les Habsbourg, a la passion de l'armée et ne quitte jamais, sauf pour la chasse, la tenue de feld maréchal, a ressenti vivement

l'humiliation de la défaite. Il s'aperçoit que les beaux uniformes ne suffisent pas, que le dolman vert des hussards, la tunique blanche des grenadiers, la veste bleue des chasseurs, le gilet rouge des uhlands, l'habit canelle et la culotte claire des artilleurs, s'ils jouent au soleil de la parade une symphonie de couleurs qui ravit les yeux, ne compensent pas sur le terrain un armement vétuste, une doctrine désuète et un incapable commandement. Il constate aussi qu'à ses défaillances, l'Intendance, qui n'a pas suivi, ajoute la corruption. Son directeur, le général Von Eymatten, est arrêté. Il se pend dans sa cellule. Le ministre des Finances, Brück, destitué, se coupe la gorge. Quant au principal responsable de cette carence qui a conduit au désastre, l'homme au bouton de guêtre de Vienne, le conservateur d'une machine de guerre bonne à reléguer au Musée de l'Armée, Grüne, s'il est bien limogé de ses fonctions d'adjudant général, il se retrouve Grand Maître de la Cour. L'archiduchesse Sophie n'abandonne pas les siens.

Ces sanctions ne réussissent pas à épuiser l'amertume de François-Joseph qui fait les complexes de la défaite. Il doute de lui-même, n'accorde plus confiance à personne. Vienne le raille et le brocarde. Son oncle, l'Empereur Ferdinand qui s'est démis en sa faveur, ne manque pas de remarquer que pour perdre des batailles et abandonner des provinces, il n'était pas nécessaire de changer de souverain. Les Hongrois s'énervent. C'est, paradoxalement, dans son ménage qu'il trouvera un baume et un apaisement. Franzi et Sissi ont échangé, pendant la guerre d'Italie, des lettres fort tendres, de son côté à lui, surtout : elle est son bon ange, sa céleste Sissi. Il signe « ton petit homme » (« Dein Männken »). Il lui confie « qu'il a beaucoup appris, beaucoup souffert, et qu'il sait maintenant l'effet que cela fait d'être un général vaincu ». Comment, à son retour, Sissi ne lui ouvrirait-elle pas les bras ? Pourtant, sans qu'il s'en aperçoive, elle est en train de changer.

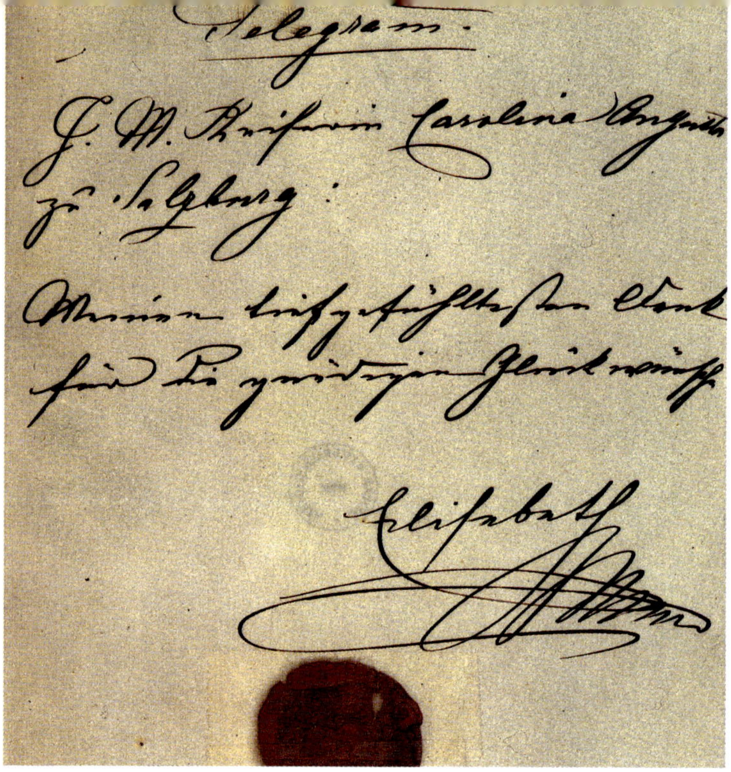

Deux signatur d'Elisabeth, le tex d'un télégramme sa main et deux p ges de ses carn intimes. Le des ci-contre la mont en train d'écrire.

CHANGEMENTS

En quatre ans, Sissi a donné à l'Empire trois enfants, dont un fils. Elle a rempli son rôle biologique et dynastique. Elle entend désormais se créer une vie à elle, en marge du protocole détesté, à l'abri des incursions « sophistiques ». Elle soigne, comme elle l'entend, ce corps dont elle est un peu vaine. A une époque où l'on aime les formes opulentes et les gorges épanouies, elle se maintient svelte, mince et flexible. Elle a fait dresser un portique dans ses appartements et installer un appareil à douche et une table à masser. Elle fait des anneaux et du trapèze. Dès que la balance dépasse les 46 kilos qu'elle accorde au mètre soixante douze de sa taille, elle s'astreint à un régime alimentaire qui fait penser à la diététique des actrices de cinéma. Le cheval demeure sa grande distraction qui calme ses ardeurs et la grise de vitesse et d'espace. On l'imagine, aujourd'hui, au volant d'une Jaguar ou d'une Ferrari, ignorant les « stop », mettant les gendarmes sur les dents. Sissi passe des heures à l'écurie et au chenil car elle adore les bêtes. Elle aime, aussi, les promenades à pied, dans le Prater solitaire du petit matin. C'est aussi à cette époque que la mélancolique Impératrice entreprend de parfaire la culture de son esprit. Elle apprend le grec pour lire dans le texte les poèmes homériques. Mais elle n'a pas besoin de leçons pour se plonger dans les poètes allemands et, au premier rang, Heine qu'elle aime parce qu'elle retrouve dans ses vers l'écho de son rêve et de sa nostalgie, le rythme qui berce son âme insatisfaite, l'humour noir et l'appel de la liberté.

Une pareille existence, mi-intellectuelle, mi-sportive, si elle occupe l'esprit et lasse le corps, ne nourrit cependant pas l'âme. Sissi, sans doute, quand Franzi est revenu, sans lauriers, d'Italie, a laissé fondre son cœur compatissant. Mais le calme est de surface et l'accord d'apparence. Elle connaît, parce qu'elle est bonne, qu'elle se penche naturellement sur les plaies et qu'elle les panse, un état particulier de grâce. Pourquoi son mari serait-il exclu de ce qu'elle accorde à chacun ? Lui, prend la temporisation pour un accommodement, la générosité du cœur pour un élan de l'âme, une pause pour un accomplissement. Il sera d'autres périodes qui donneront au couple l'illusion de l'entente, mais toujours à l'heure de l'épreuve ou dans la communion du deuil. Elles seront toujours sans durée. Il suffira d'un mot, d'un geste, d'une allusion, d'un rappel, d'un oubli pour que remontent des profondeurs de la mémoire endormie, le souvenir des meurtrissures et des désillusions et tout le fiel des douleurs anciennes. François-Joseph se montrera prévenant sans faille et plein de tendre sollicitude. Il se montrera toujours aussi lui-même. Malgré l'illusion qu'elle s'efforce d'entretenir en elle-même, et de l'effort qu'elle consent pour entretenir ce fragile et superficiel état, Elisabeth ne pourra pas s'y fixer. Les deux natures sont trop différentes.

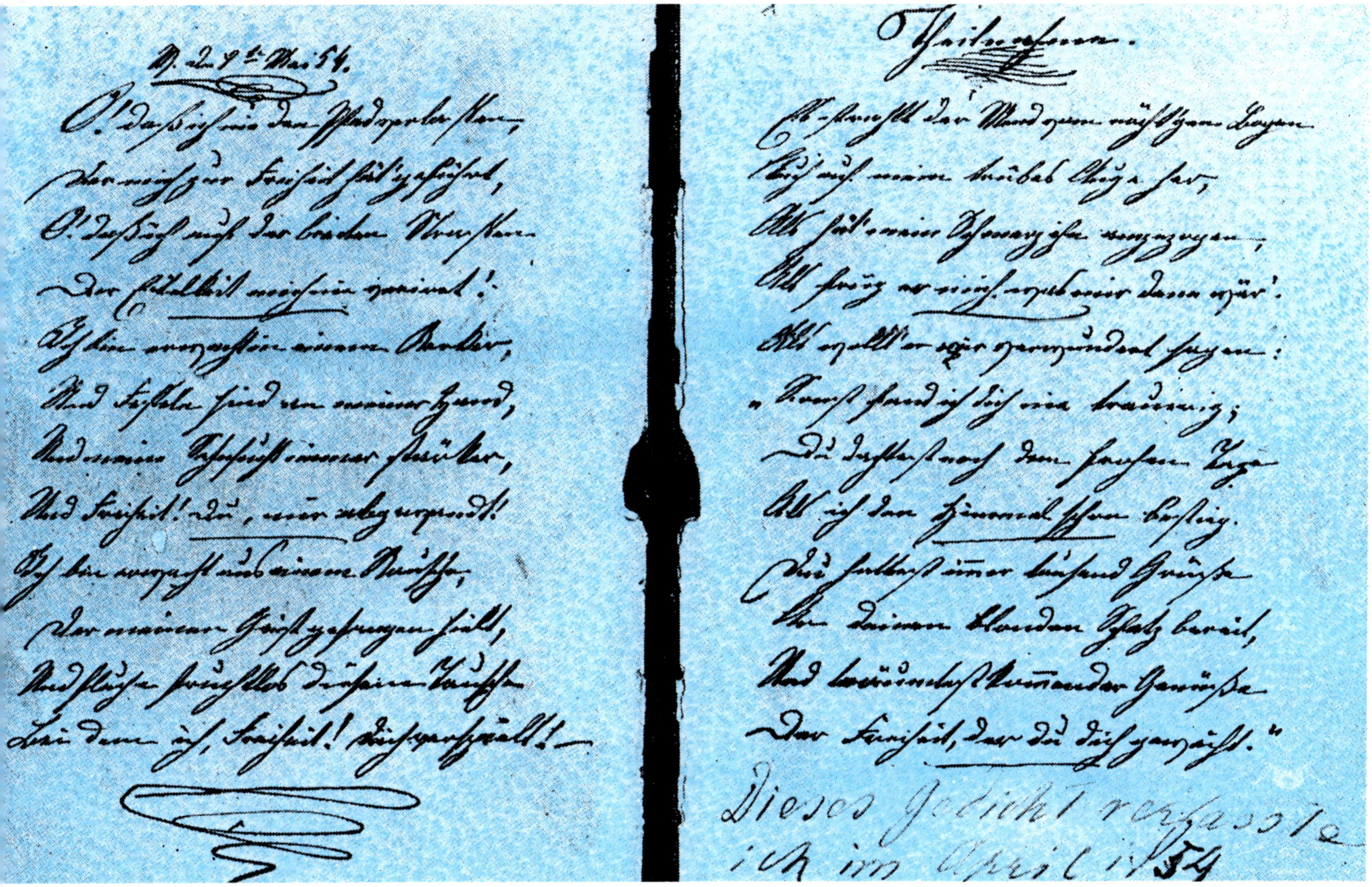

d. 29. Mai 54.

Dieses Gedicht verfasste ich im April 54

Portrait et photo
A droite, vue a
cienne d'Ischl.

UN PORTRAIT DE L'EMPEREUR

Il offre l'image même de l'ordre et de la régularité. C'est aussi un grand travailleur. Dès cinq heures, il est le matin à son bureau après avoir fait sa toilette dans un baquet de bois et sa barbe avec le rasoir qui a tranché son premier duvet et qui lui servira toute sa vie. Une tasse de café au lait l'attend sur sa table. Puis, jusqu'au soir, il voit défiler les ministres qui lui présentent leurs rapports, les ambassadeurs qui lui communiquent les dépêches de leurs gouvernements, les quémandeurs qui ont obtenu l'audience que l'Empereur accorde assez libéralement. Il lit le courrier, l'annote, demande des précisions, rédige lui-même les nombreux télégrammes qu'il expédie, car le télégraphe, son contemporain, l'amuse comme un jouet dont il ne se lasse pas. Par contre, il n'usera jamais du téléphone qui se répand à la fin du siècle : il considère comme contraire à sa dignité de répondre lui-même à l'appareil ! Son comportement est celui d'un fonctionnaire précis, méticuleux, qui ajoute les virgules et met les points qui manquent sur les « i ». Il n'est pas un homme d'Etat. Son train personnel demeure des plus simples : le souci d'économie et l'esprit militaire se rejoignent pour commander la frugalité. Dans ce palais doré, dont les murs sont tendus de velours améthyste ou garnis de larges miroirs, les plafonds ornés de peintures et alourdis de lustres, il couche dans une chambre presque nue et travaille dans un cabinet bourgeoisement meublé dont les panneaux sont couverts de portraits, de portraits de l'Impératrice en premier. Son déjeuner : un plat de viande et de légumes qu'il se fait porter à son bureau avec une chope de bière brune. Bien sûr, ce travail de bureaucrate est coupé de manifestations publiques et de réceptions de gala. Mais François-Joseph ne connaît qu'une distraction, la chasse, son grand délassement. Tous les Habsbourg ont été des chasseurs passionnés. François-Joseph chasse, lui, comme un bourgeois, ou plutôt comme un montagnard du Tyrol. Son gibier préféré est le chamois qu'il poursuit en culotte courte sur les pentes alpines. On dit qu'un jour, s'étant égaré avec ses deux compagnons de chasse, le roi de Saxe et le duc de Toscane, il demanda à un paysan qui passait en voiture de les ramener tous les trois à Ischl. A l'arrivée, l'Empereur se nomma et aussi ses deux amis. Le brave roulier, incrédule, éclata de rire et répondit : « Moi, je suis l'Empereur de Chine ! ». On ajoute qu'à tous ceux qui voulurent par la suite l'éclairer, il répondait : « Ce n'est pas l'Empereur, il ne m'a même pas donné de pourboire ! ».

François-Joseph a été élevé par une mère fanatiquement réactionnaire. Elle lui a enseigné que tout pouvoir réside dans la personne de l'Empereur et émane d'elle, qu'il n'est comptable de ses actes qu'à Dieu, que ses Etats sont son patrimoine héréditaire, que les peuples n'ont d'autre lien entre eux que la Couronne qui les réunit sous une unique et absolue autorité. Les peuples ? Elle eut volontiers repris à son compte le mot de l'Empereur François 1er : « Les peuples, je ne sais

pas ce que c'est, je ne connais que des sujets ». Le fils reste fortement marqué par une telle mère. Il rejette les idées modernes, le libéralisme politique, le nationalisme populaire, déteste les institutions nouvelles, le Parlement et la Presse. Il s'efforcera de réduire les assemblées à de simples décors. La police, l'armée, la bureaucratie, le clergé, sont les quatre piliers du régime. L'historien Richter précise : « L'Autriche repose sur une armée de soldats debout, de fonctionnaires assis, de prêtres à genoux et de dénonciateurs à plat ventre ». Quant aux journalistes, non seulement il ne donne jamais de conférence de presse, mais il faut les lui cacher quand il sort. Il a sans doute gardé le souvenir de la fuite à Olmütz, à l'humiliation que la Couronne a, alors, ressentie, et cette image le détourne de toute concession à ces forces révolutionnaires dont le libéralisme lui paraît être l'avant-garde. Louis XIV, non plus, n'avait pas oublié l'équipée nocturne de Saint-Germain.

En sa haute conscience, François-Joseph se tient pour le dépositaire d'un héritage qu'il doit maintenir pour le transmettre intact à ses successeurs. C'est un conservateur et non un novateur. Il manque d'envergure, mais non de bon sens. Son règne ne portera le signe d'aucune grande idée, n'entreprendra nulle grande réforme. Cependant, il est trop homme d'ordre pour ne pas souffrir de la disparité de son empire, du fouillis administratif, de l'enchevêtrement d'institutions locales d'origine variée et de compétence variable, du particularisme des provinces dont chacune a sa Diète et parle une langue différente. Pour y mettre de l'unité, deux voies sont ouvertes : le centralisme allemand ou le fédéralisme slave. François-Joseph ne saura pas choisir entre les deux, pas plus qu'il n'a su prendre parti entre sa mère et son épouse.

Nul ne possède une nature de rechange. Le François-Joseph de la vie officielle possède ces qualités allemandes que, dit Paul Morand, le monde estime sans parvenir à les aimer : la conscience professionnelle, la discipline, la faculté infinie de labeur. Dans la vie conjugale, nous retrouvons leurs pendants : la constance, la prévenance, l'égalité d'humeur, vertus de politesse qui rendent l'existence commune possible, mais ne suffisent pas à la faire heureuse. Solidité sans

Un angle de la chambre réservée à Elisabeth à l'abbaye de Melk (à droite).

éclat. Il n'est pas douteux que cette apparence froide qu'il estime indispensable à sa majesté et qu'il a peine à dépouiller quand il se retrouve en tête à tête avec sa femme, cache un cœur très épris. Il aime Sissi depuis le premier jour et son amour durera jusqu'au dernier. Il sera pour elle toute indulgence et toute bonté, mais non toute compréhension. Il cherche à la raisonner plutôt qu'à la connaître. Le mariage lui apparaît comme un mécanisme d'horloge qui, une fois remonté, se déroule sans qu'il soit besoin d'y toucher et non comme une aventure pleine de pièges et d'écueils, un perpétuel renouvellement, une création continue. Il croit que l'inspiration suffit à tout et que l'art est inutile. De là ses maladresses, ses erreurs de psychologie, les faux pas qu'il commet avec les intentions les meilleures et les dispositions les plus bienveillantes. Il serait cependant sommaire autant qu'injuste de juger François-Joseph uniquement sur son train de bureaucrate, son manque de tact conjugal et la crainte révérentielle qui le paralyse devant sa mère au point de lui écrire, au moment d'un départ, plutôt que de l'affronter. Il ne manquait ni de cœur ni de caractère. Les échecs politiques, les défaites militaires, les deuils privés ne l'ont pas laissé impassible, comme on le lit parfois. Il les a cruellement ressentis. Mais sa nature équilibrée, sa robuste santé, son ferme sentiment du devoir, l'on aidé à supporter des chocs qui eussent, peut-être, abattu des hommes plus brillants que lui.

COMME UN NÉGATIF

Il ne pouvait élire femme plus éloignée de lui. Sissi est comme le négatif de son film. A l'ordre, elle oppose la fantaisie, à la méthode, l'esprit primesautier, à la modération, les extrêmes, à la maîtrise de soi, une émotivité mal contenue. Elle frémit à tout instant. La moindre gentillesse la ravit, le plus discret heurt la blesse et la replie sur elle-même. Avec cette sensibilité d'écorchée, il lui était difficile de trouver la base d'un accord véritable avec un époux dont la nature plus

calme se double d'un masque voulu de placidité. Elle a le convenu en horreur, et le cérémonial en abomination. Ce n'est pas que François-Joseph se délecte de ces manifestations officielles, si magnifiques au regard de ceux qui les contemplent et si lourdes aux épaules de ceux qui les vivent. Il préférerait sans doute l'existence bourgeoise que lui offrira plus tard Madame Schratt. Mais il les accepte de bonne grâce parce qu'elles font partie de ses obligations d'Etat et qu'il doit se conformer à l'image que la tradition a modelée et que ses peuples ont de lui.

Du côté de Sissi, il en va tout autrement. Il lui serait, semble-t-il, facile d'accepter ce décorum, ces vains ornements et ces voiles qui pèsent, et que tant de femmes lui envient. Mais elle ne peut pas. Sa hantise du cérémonial confine à la pathologie. Comme certains ont l'horreur des endroits clos, c'est la claustrophobie, des espaces vides, c'est l'agoraphobie, ou des lieux élevés, c'est l'acrophobie, elle ne peut supporter la presse des salles de bal, ou le majestueux déroulement des dîners de gala. Sa volonté est impuissante à réagir contre l'impression d'étouffement qu'elle éprouve, les oppressions, les vertiges qui la saisissent quand elle y pénètre ou y assiste, les angoisses qui la guettent et lui font perdre le sommeil quand elle doit s'y rendre, la dépression qui la laisse à la limite de la crise nerveuse lorsqu'elle en sort. Sissi est allergique à la vie officielle. Son mariage lui impose une vie qu'elle ne peut, à la lettre, endurer et qu'elle repousse comme un organisme refuse le poison. Tout contribue à lui rendre l'existence odieuse : la mésentente sexuelle, l'opposition des caractères, la tyrannie de sa belle-mère, la pompe théâtrale des lieux.

François-Joseph et Elisabeth n'ont rien en commun ; tout au contraire les sépare : l'éducation, les goûts, les idées. Sissi a passé son enfance à courir librement dans la campagne, tandis que Franzi a macéré dans l'empois de la Cour ; elle aime les poètes et les compositeurs, alors que lui goûte aussi peu la poésie que la musique ; elle serait volontiers libérale quand il est conservateur et traditionnaliste. Si l'on se réfère à la classification de Jung, François-Joseph, adapté au monde extérieur, sinon à l'évolution historique, sociable, conformiste, d'un commerce facile, est un extraverti. Elisabeth, réservée, méditative, toujours un peu sur la défensive, non conformiste, répond assez bien au modèle de l'introversion.

PREMIERE RUPTURE

Elle se produit l'année suivante, en 1860. C'est l'année de la première évasion hors de la cage dorée, vers les larges horizons, en quête du souffle vivifiant de la brise marine. Les causes générales de ce désir de fuite viennent d'être exposées. Elles ont noms : murs étouffants du château, brimades de l'acariâtre Sophie, platitude de François-Joseph ; elles ne sont pas neuves. Il faut pour aller au fond des choses, y ajouter des motifs particuliers et des chocs plus récents.

Atteinte au plus tendre du cœur, Sissi l'a été aussi dans son orgueil. Le bel Empereur, son époux, s'est fait battre au premier round sur le ring d'Italie. L'idée d'avoir lié sa vie à celle d'un médiocre lui est devenue insupportable. Ce prestige, que plus que toute autre femme elle exige de l'homme choisi, s'est évanoui dans la fumée de la défaite. Elle se montre, en cette occasion, excessive comme toujours, car la réflexion l'aurait amenée à un peu plus de justice. François-Joseph n'est, sans doute, pas un génie, ses vertus sont des vertus moyennes, mais il en possède beaucoup. Il n'est, en outre, pas seul en cause : son entourage ne vaut rien. La trop influente Sophie le lui a choisi parmi ces hommes bornés et serviles dont l'absolutisme aime s'entourer, les Buol pour la diplomatie, les Kempen, les Grünne et les Gyulai pour l'armée. C'est pour la très féminine Sissi, un grief de plus contre un mari qui, à trente ans, n'a pas su s'affranchir de la tutelle maternelle. Le besoin d'aimer est, en elle, lié à celui d'admirer.

Il semble également que François-Joseph ait, à l'époque, donné un sérieux coup de canif dans le contrat. Il est vif de tempérament, alors que les migraines fréquentes et les grossesses successives le tiennent souvent à l'écart du lit conjugal. S'il adore sa femme dont la plastique est impeccable, il a du goût pour les beautés moins marmoréennes. Tant qu'il s'en était tenu à la simple hygiène, aucun bruit n'était venu à l'oreille de l'Impératrice. Mais, en 1860, il connaît une comtesse polonaise dont le charme est très prenant, que sa beauté met très en vue et auprès de qui il s'attarde. Sissi, quand elle l'apprend, est peut-être blessée dans ce qui persiste en elle d'amour conjugal. Mais elle est surtout humiliée d'avoir une rivale. Elle ne peut accepter cet éloignement d'un corps dont elle est vaine et qu'elle a souci de garder parfait. Elle en oublie ses froideurs. La fière Sissi ignore peut-être qu'un homme attend de sa compagne mieux qu'une acceptation muette et plus qu'un abandon endormi.

En tous cas, elle veut fuir cette Vienne qui l'écrase. Son départ fera peut-être mauvais effet. Elle n'en a cure. Jamais, d'ailleurs, elle ne se souciera du « qu'en dira-t-on ». Qui oserait lui parler de ses devoirs d'épouse, alors qu'elle est trahie, de ses obligations de mère, quand ses enfants lui sont refusés ? Le prétexte n'est pas long à trouver, qui est d'ailleurs une bonne raison : sa santé. Les médecins diagnostiquent un début de phtisie. Ils se trompent lourdement, mais il

A gauche : promenade impériale au Prater. Ci-contre : Elisabeth et François-Joseph dans le parc d'Ischl.

ne saurait leur en être fait grief, car à l'époque, les maladies nerveuses sont mal connues, aussi bien dans leur origine que dans leurs remèdes. Ils conseillent l'éloignement. François-Joseph propose un séjour à Merano, dans le sud du Tyrol, au milieu des coteaux ensoleillés, dans un cadre pittoresque de vieilles maisons. Mais Elisabeth veut s'évader, oublier l'Empire, fuir loin, très loin, au-delà de la mer. Elle choisit Madère, l'île des vins, l'éternel jardin de fleurs que l'Atlantique sertit d'une couronne d'écume. Comment s'y rendre ? Le Protocole est formel : Sa Majesté ne saurait emprunter le bateau d'une compagnie de navigation. Elle trouve ridicule de déplacer un navire de guerre, au demeurant inconfortable. C'est la Reine Victoria qui la tirera d'embarras en mettant à sa disposition le yacht « Osborn » qui l'attendra à Anvers. Elle quitte l'Autriche le 17 novembre.

Elisabeth en robe de soirée : ce portrait date de 1867 ; elle est dans sa trentième année.

"... Elle veut fuir Vienne... Elle veut s'évader. Elle choisit Madère, l'éternel jardin de fleurs que l'Atlantique sertit d'une couronne d'écume". — Sissi sur une place de l'île. — La végétation et les côtes. "Elle se grise de ciel bleu, de soleil et d'eau. L'air est doux, le peuple gentil". — A droite, en bas, sa résidence.

Installée au bord de la mer, dans un ancien château que lui a ouvert le comte Carvahal, le plus grand propriétaire de l'île, Sissi se grise de ciel bleu, de soleil et d'eau, ces trois merveilles de la nature. L'air est doux, le peuple gentil. Elle remplit sa maison d'oiseaux chanteurs. Elle conduit elle-même son trotteur, attelé de poneys blancs, que suit son chien Shadow, un airedale irlandais. Elle lit beaucoup : Dante, Shakespeare, Shelley, Léopardi, poètes qui lui enseignent que la vraie vie est ailleurs, que l'homme n'est qu'une ombre chancelante, que le monde de splendeur est celui des Idées, que la souffrance est le fond de l'Etre, et les prosateurs, Rousseau et Sand qui lui disent, au contraire, que l'homme est bon, qu'il a été créé pour être heureux sur terre et que la société est perfectible. Pour la première fois depuis son mariage, Sissi se sent libérée de toute corvée officielle et échappe à tout rituel imposé. Ses angoisses s'apaisent au souffle qui vient du large. Elle vit selon la nature, elle vit selon sa nature, à 3.000 kilomètres de Vienne, au milieu des lauriers et des mimosas, des vignes et des camélias.

Il est, sans doute, écrit qu'elle ne pourra durablement goûter une paix complète. Sa sœur Marie a épousé François II, roi des Deux Siciles. Le royaume traverse une crise. Battues par les volontaires garibaldiens, les Chemises Rouges, qui se sont emparées de Palerme et de Naples, les troupes napolitaines se sont enfermées dans Gaete où elles sont assiégées. Le roi est un minable. C'est sa femme qui anime la résistance et repousse les assauts avec l'héroïsme d'un cœur de dix-neuf ans. François-Joseph, malgré les supplications de Sissi, refuse d'intervenir. C'est prudence de sa part, mais sa femme y trouve le motif d'un nouveau grief. Elle ne sera soulagée que lorsqu'elle apprendra que le couple royal a pu se réfugier à Rome et se mettre sous la protection du Pape (février 1861).

La santé de l'Impératrice s'est beaucoup améliorée. Elle ne tousse plus et dort bien. Mais la guérison signifie le retour à Vienne. Ce n'est pas sans regret qu'elle quitte cette île si accueillante. La reine Victoria lui a, de nouveau, envoyé un yacht, le « Victoria and Albert », cette fois. Sissi musardera sur le chemin du retour, comme un écolier qui cueille des noisettes. Partie de Funchal le 28 avril, elle n'arrivera à Vienne qu'à la fin de mai. Elle fera escale à Cadix, à Majorque, à Malte, à Corfou. François-Joseph viendra l'attendre à Trieste pour aller s'enfermer quelques jours avec elle à Miramar, dans ce château mêlé de gothique et de mauresque, combiné de Windsor et de l'Alhambra, que son frère Maximilien a fait construire sur un rocher qui domine l'Adriatique. L'Impératrice trouvera là une transition entre la totale indépendance qu'elle a connue pendant cinq mois et les servitudes qu'elle retrouvera dès qu'elle aura franchi la porte de la Hofburg. Si sa joie des retrouvailles n'est pas aussi vive que celle de son impérial époux, elle n'en goûtera pas moins pleinement ces quelques jours passés dans l'intimité familiale et la franche hospitalité de son beau-frère et de sa belle-sœur, Charlotte, qui forment un couple dont l'entente est enviable et l'union parfaite.

MENACE DE LARYNGITE TUBERCULEUSE

Le choc se produit dès son retour. Dans sa hâte de revoir ses enfants, Sissi, à peine descendue de voiture, bondit à leur appartement. Elle encaisse immédiatement un rappel à l'ordre de l'archiduchesse Sophie. Elle devait recevoir, en premier, selon leur âge et leur rang, tous les membres de sa parenté. La vie recommence, égale à elle-même. Pourquoi le Protocole aurait-il changé parce qu'il lui a plu de l'oublier dans la senteur odorante des jardins et la caresse des brisées marines ? Malgré les efforts qu'elle tente, elle ne parvient pas à se remettre à cette existence factice, à ces grimaces, à ces conventions. Elle retrouve ses oppressions et ses angoisses. Elle ne dort plus, ne mange plus. Les longues courses équestres du matin sous les marronniers du Prater ne suffisent pas à calmer des nerfs que tout met à vif. Son médecin de famille, le Docteur Fischer, est appelé de Munich. Il diagnostique, en accord avec le médecin traitant, le Docteur Skoda, une menace de laryngite tuberculeuse et conclut à la nécessité d'un nouveau départ. Aujourd'hui, il reconnaîtrait une psychasthénie et parlerait sérieusement au mari.

Sissi choisit, cette fois, d'aller à Corfou, île où elle avait fait escale à son retour de Madère et qui l'a enchantée : à la splendeur bleutée de la mer, au soleil éclatant qui fait sur l'eau de longues traînées éblouissantes, à la luxuriance parfumée de la terre, se mêlent en rappels des légendes odysséennes et les évocations de cette Grèce antique dont elle a entrepris l'étude car sa lumière l'attire. Elle y débarque le 27 juin. Les orangers et les citronniers fleurissent l'éternel printemps, les bois de myrtes imprègnent de leur odeur un air où la mer proche mêle son souffle humide. Ce merveilleux pays sera désormais celui de sa dilection. Elle aime se baigner dans les criques, courir sur le sable au long des franges d'écume, sauter sur les rochers, s'enivrer de parfums et de couleurs, s'emplir du chant des oiseaux, du clapotement des vagues et le soir, se laisser soulever par le vent qui se lève. Tout est unisson, harmonie, correspondance. Le vert sombre des cyprès réplique à la blancheur crue des maisons. Les creux d'ombre et de fraîcheur défient la nudité brûlante de la pierre. Ce serait parfait si, afin de veiller sur elle, son mari, avec le manque de psychologie qui lui est coutumier, ne l'avait fait accompagner de ce Grünne qu'elle déteste parce

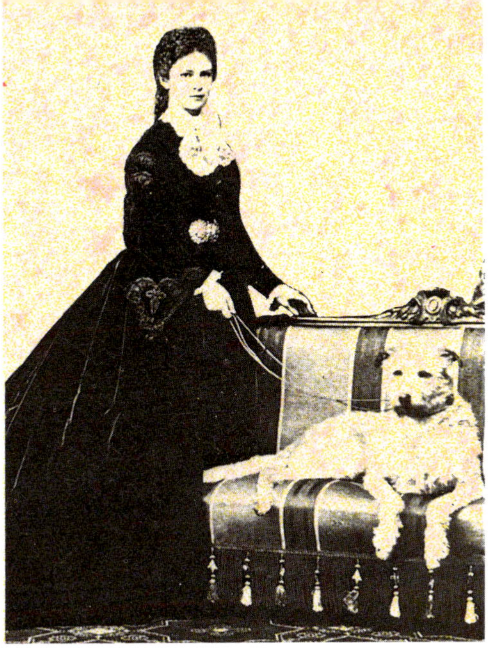

Comme tous les membres de sa famille mais plus encore peut-être que les autres, Sissi a toujours eu des chiens auprès d'elle. Elle leur a voué et en a reçu une affection sans limite. A gauche, portrait de *Lady*. Les deux photos de cette page sont amusantes en cela que l'animal et sa maîtresse occupent le siège à tour de rôle.

que, non content d'être imbécile, il s'est fait zélé auxiliaire de sa belle-mère.

François-Joseph souffre de ces absences qui se répètent et se prolongent, sans se demander si, en dépit de son amour pour sa femme, il n'a point contribué à faire naître ce besoin d'évasion qui n'est aucunement natif, car Sissi ne l'éprouvait pas lorsqu'elle vivait à Possenhofen, ni même les premières années de Vienne où la séparation lui était, au contraire, pénible. Le 13 octobre, il débarque à Corfou pour lui demander de revenir avec lui. L'Impératrice ne peut nier qu'elle aille mieux mais ajoute qu'à la Hofburg, elle retombera malade et refuse d'y rentrer. François-Joseph transige. Sa femme passera l'hiver à Venise. La poire et la distance sont coupées en deux. Sissi

"... Elle passera l'hiver à Venise". Sissi et sa mère. "La bonne Ludowika s'effraie de la maigreur de sa fille". Les canaux, les promenades en gondole, l'émerveillement des enfants : "elle ne quitte(ra) Venise qu'à regret".

accepte sans trop de peine cette solution. Le séjour qu'elle a fait cinq ans plus tôt sur la lagune, l'a ravie en dépit du climat politique hostile qu'elle y a, alors, trouvé. Elle y mène donc, pendant l'hivers 1861-62, une existence mi-familiale, mi-libre. L'Empereur vient la voir, ses enfants séjournent près d'elle, sa mère elle-même consent à quitter sa rude Bavière pour la douceur de l'Italie. La bonne Ludowika, à son arrivée, s'effraie de la maigreur de sa fille et de ses traits tirés. Elle s'inquiète aussi de son instabilité et la met à nouveau en garde, elle l'avait déjà fait lors du départ pour Madère, contre son absence d'esprit de conciliation et son penchant à jouer les martyres. François-Joseph ignore qu'il a dans sa belle-mère une alliée, pas plus qu'il ne se doute que sa mère est sa pire ennemie.

Elisabeth jouit pleinement de la présence de ses deux enfants, Gisèle qui a cinq ans et qui apprend sagement à lire, Rudi qui, à trois ans, révèle un esprit précoce et montre une sensibilité trés vive. Mais son humeur est triste et sa complexion fragile. Elle n'est cependant pas longue à s'apercevoir que les ordres qu'elle donne à la baronne Esterhazy, s'ils sont respectueusement écoutés, ne sont nullement suivis. Même absente, l'archiduchesse Sophie continue de régner. Ce sont les instructions qu'elle a données pour les enfants que la vieille entêtée respecte. Sissi se fâche et demande le départ de cette odieuse fée Carabosse. François-Joseph, qui ne sent plus sa mère derrière la porte, cède. La comtesse Bellegarde s'occupera désormais des petits princes. Sissi a remporté une victoire, mais elle ne tardera pas à perdre la guerre.

NOUVEAUX ECLATS

Pas plus que de Madère, l'Impératrice, qui ne quitte Venise qu'à regret, ne prend pour gagner Vienne le chemin le plus court. Elle volète autour de la cage avant d'y rentrer. Le besoin de se retremper dans l'atmosphère de son enfance l'amène à Possenhoffen, son cher « Possi ». Elle y retrouve ses sœurs Hélène et Marie ; celle-ci, ex-reine de Naples, a abandonné son pitoyable mari et s'est enfuie avec un officier des zouaves pontificaux. Elle va ensuite faire une cure à Kissingen, en Franconie, car le Docteur Fischer lui a découvert de l'anémie. C'est le 14 août seulement qu'elle arrive à Vienne dont la population l'acclame, pour s'installer à Schoenbrunn, la plus belle des résidences d'été.

Il semble qu'à ce moment, Elisabeth ait tenté de retrouver une existence conjugale normale et qu'elle ait pensé à demeurer à Vienne, sinon en permanence, du moins suffisamment pour en faire son séjour ordinaire, les voyages n'étant plus, sur la trame, que de brèves et espacées coupures. Elle entendait, du même coup, prendre en mains l'éducation de ses enfants, les voir à sa guise

sans horaires et sans témoins. Cette prétention est déclarée inadmissible par l'implacable Sophie. Quand Sissi parle de ses droits maternels, le vieux chameau lui répond avec autant de sécheresse que d'hypocrisie que les enfants qu'elle a abandonnés sont devenus les siens et « qu'elle ne cèdera à personne la mission tutélaire que la Providence lui a confiée sur eux ». Non satisfaite de se tenir pour la véritable Impératrice, elle veut, en outre, être la seule mère. François-Joseph ne suivra pas l'exemple de Salomon et ne saura pas faire jaillir le cri du cœur. Il laissera la discussion entre les deux femmes monter à un ton jamais atteint. C'est une altercation, véhémente, fracassante à ébranler les portes. Franzi, pour finir, donne raison à sa mère qui reprend, dès qu'elle est présente, tout son ascendant sur lui. Ce faisant, il perd sa femme. Sissi, outrée, humiliée, profondément offensée dans sa dignité d'épouse, comme elle est blessée dans son cœur de mère, décide de quitter le château et de s'éloigner de Vienne.

Ainsi reprend pour ne plus finir, cette vie errante qui la ramène, d'abord, à Corfou et à Venise avant qu'elle ne retourne, l'année suivante (1863), à Kissingen où sa bonté console la détresse de deux infirmes, l'aveugle, le duc de Mecklenbourg, et le paralytique, un poète anglais du nom de John Collet, qui lui dédie des vers. Elle a, en outre, décidé l'Empereur à lui acheter un yacht, le « Miramar », navire de 1.800 tonneaux qui lui sert à croiser en Méditerranée et à combler l'amour fervent qu'elle porte à la mer. Quand elle est lasse de contempler le ciel et l'eau, et qu'elle a fait donner à sa chevelure les longs soins qui en entretiennent et en foncent l'éclat, elle s'enferme dans sa cabine pour améliorer son hongrois, langue difficile, que grâce à son obstination et à sa persévérance elle parviendra à posséder et à parler parfaitement.

Entre l'Archiduchesse Sophie et l'Impératrice, "une altercation véhémente, fracassante (se produit). (Et) Frantzi donne raison à sa mère... Sissi, outrée, humiliée, décide de quitter le château".
Pourtant, elle obtient que l'Empereur lui achète un yacht, semblable à celui ci-dessous, nommé d'ailleurs *Elisabeth*.

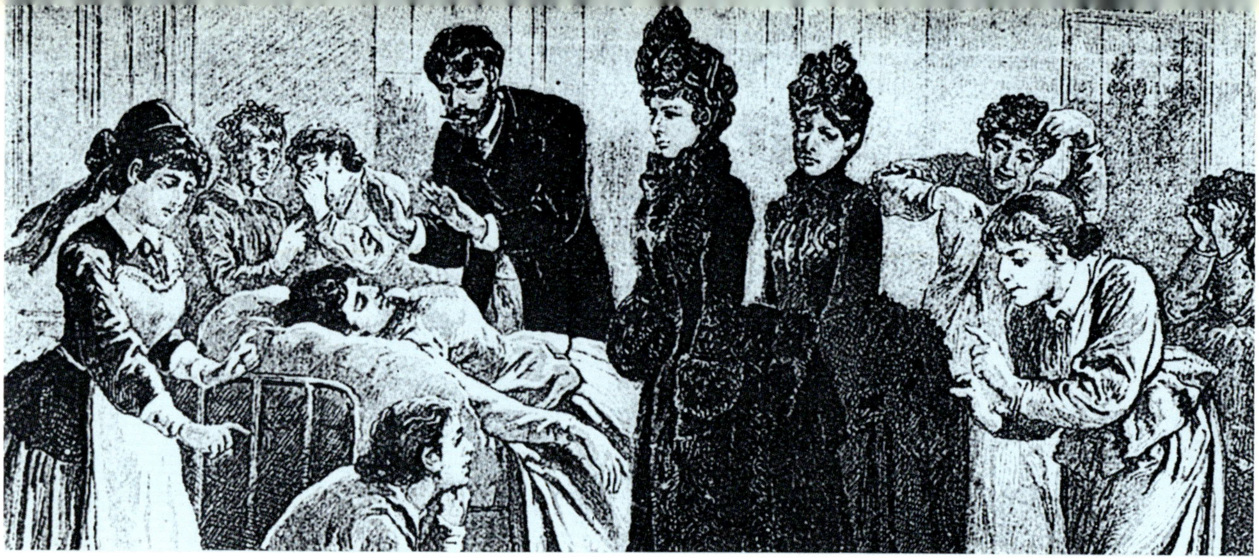

La guerre, encore. Cette fois avec la Prusse. "Dans l'épreuve, Sissi se montre une fois de plus admirable. La voilà, courant les hôpitaux et les cliniques, veillant, consolant..."

SADOWA

La guerre, avec le Danemark d'abord, avec la Prusse et l'Italie ensuite, la ramène cependant dans cette Vienne qui lui est odieuse et où ses longues absences qu'interrompent de rares et fugitives apparitions commencent à rendre impopulaire une Impératrice dont la jeunesse et la beauté avaient, dès l'abord, tellement séduit. Sa bonté naturelle, sa compassion pour la souffrance, le sentiment que sa place est là où elle peut donner, l'ont emporté sur sa juste rancœur et fait céder sa prévention. En 1864, la Prusse et l'Autriche, Bertrand et Raton, ont, de concert, envahi le Danemark et établi un condominium sur les duchés de Schleswig et d'Holstein que les deux puissances entendent maintenir sous la simple protection de Copenhague, en marge de toute annexion. Mais l'accord entre les deux complices ne dure point. Il ne pouvait durer puisque ce qui était réellement cause, c'était non pas l'occupation d'un petit territoire aux bords de la Baltique, mais la prépondérance en Allemagne. La guerre reprend quand la Prusse s'est assurée l'appui du nouveau royaume d'Italie. Mais les alliés sont devenus des adversaires. Le 3 juillet 1866, en Bohême, à Sadowa — les Allemands donnent à cette bataille le nom d'un autre village, Konniggrätz — les Prussiens mettent en fuite l'armée autrichienne, qui n'a pas tiré la leçon de Magenta et de Solférino, qui est toujours dotée du vieux fusil à chien, alors que l'armée prussienne dispose du fusil à aiguille qui tire cinq fois plus vite. Mieux armés, les Prussiens sont aussi mieux entraînés et mieux commandés. Molkte, émule de Napoléon, du premier bien entendu, a saisi l'importance de la surprise et mis au point une première formule de Blitzkrieg. Les victoires brillantes remportées sur terre et sur mer, à Custozza par l'archiduc Albrecht, et à Lissa par l'amiral Tegerhoff, n'empêcheront pas l'Italie vaincue de recevoir la Vénétie. En ce temps déjà, les défaites militaires pouvaient se transformer en victoires diplomatiques. Pour arrêter ces damnés Prussiens « die verfluchten Preussen » qui marchent sur Vienne, l'Autriche « reconnaît la dissolution de la Confédération germanique, telle qu'elle a existé jusqu'ici et donne son assentiment à une organisation nouvelle de l'Allemagne sans sa participation ». Après sept siècles, les Habsbourg sont définitivement exclus du vieil Empire. A côté de cette démission, les quelques modifications de frontières qu'elle doit subir et l'indemnité de guerre qu'elle doit verser, pèsent un poids bien léger.

Sissi se montre, dans l'épreuve, une fois de plus admirable. Il semble qu'elle ne s'épanouisse pleinement que lorsqu'elle panse des plaies ouvertes ou secrètes, relève les courages abattus, dispense sa vaillance et sa bonté. Elle entre alors en possession de ses énergies profondes. La voilà, courant les hôpitaux et les cliniques, veillant, consolant, avec le regard qui soulage et le geste qui attendrit.

La Hongrie eut-elle jamais plus jolie souveraine (à gauche) ? Ci-contre : le leader Andrassy. "Il tombe sous son charme. Elle-même ne demeure pas insensible à la séduction de celui qu'on appelle "le beau pendu" depuis son exécution en effigie".

HONGRIE

Si Vienne, légère, raille la défaite en couplets moqueurs, Budapest reprend sa vieille et patriotique chanson. Les Hongrois se partagent en deux tendances rivales : les irréductibles qui veulent couper tout lien avec l'Autriche et que Kossuth excite de son exil de Florence ; les modérés, Deak et Andrassy qui sont prêts à la conciliation. François-Joseph a, en la circonstance, une inspiration heureuse. Il envoie sa femme calmer les esprits et préparer un accord ; il lui demande, en propres termes, d'être son avocat. Sissi arrive, avec ses deux enfants, comme pour signifier qu'elle se met sous la protection du peuple qui l'accueille, dans ce pays qui n'a pas oublié sa clémence et où elle est aimée et admirée. Andrassy tombe sous son charme. Elle-même ne demeure pas insensible à la séduction de celui qu'on appelle « le beau pendu » depuis son exécution en effigie. L'Impératrice sait le convaincre que dans l'union avec l'Autriche, sous le sceptre des Habsbourg, la Hongrie peut trouver le moyen d'affirmer sa personnalité nationale. Andrassy voit, dans l'appui de celle qu'il nomme « la belle providence », le barreau d'échelle qui le mènera au Ministère des Affaires Etrangères de la Monarchie. La persévérance de Sissi finira par triompher des atermoiements de François-Joseph et de la résistance de la Cour que l'archiduchesse Sophie tient encore en mains.

Ce que nous appelons le compromis, les Allemands disent l'ajustement (Ausgleich), est finalement adopté. L'Empire d'Autriche et le royaume de Hongrie formeront désormais deux monarchies inséparables, héréditaires dans la postérité mâle de la Maison de Habsbourg. Il n'y aura qu'un Etat au regard du droit international, mais chaque pays obtient son gouvernement propre et ses assemblées particulières.

LE COURONNEMENT

Le 8 juin 1867, François-Joseph et Elisabeth sont couronnés roi et reine de Hongrie à la cathédrale Szent Istvan de Budapest. Le cadre est d'une rare grandeur et la cérémonie se déroule avec un exceptionnel éclat. C'est le triomphe de Sissi, de sa beauté, de son intelligence, de sa patience et de sa générosité. Elle a, selon le rite séculaire, vérifié la veille le manteau de saint Etienne et reprisé les bas tricotés par la reine Gisèle et que le roi portera pour le couronnement. Elle revêt elle-même une robe de brocart blanc, un corsage de velours noir, ombellé de lilas, oscellé de pierreries et un manteau de Cour de velours bleu, que la Maison Worth a envoyé de Paris. Sissi,

"Le 8 juin 1867 François-Joseph et Elisabeth son couronnés roi et reine de Hongrie. La cérémonie se déroule avec un exceptionnel éclat. C'est le triomphe de Sissi, de sa beauté, de son intelligence, de sa patience et de sa générosité... La foule crie *Eljen Erszébeth*. – La cathédrale, le cortège et deux aspects de la cérémonie.

La nouvelle carte de visite de Sissi. A droite, le couple impérial-royal devant le château de Gödöllo. "François-Joseph, qui avait, la veille, commis l'erreur de se montrer dans son éternel uniforme autrichien, a endossé une tenue de général hongrois".

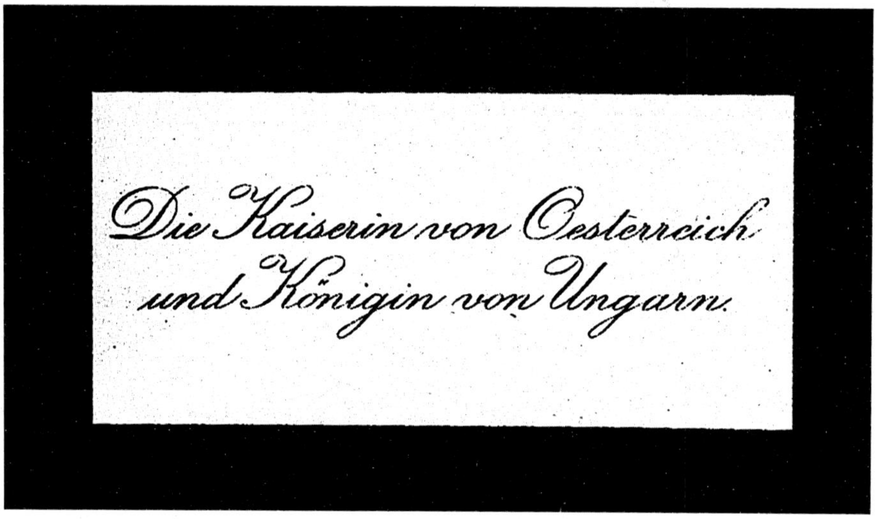

qui n'a pas encore trente ans, apparaît dans la splendeur d'un épanouissement qui n'a pas compromis sa sveltesse. François-Joseph, qui avait commis la veille l'erreur de se montrer dans son éternel uniforme autrichien, a endossé une tenue de général hongrois. Autour d'eux les magnats se pressent, épanouis dans leurs costumes d'apparat, brodés et fourrés, serrés dans leurs culottes collantes, bottés de cuir souple et coiffés de toque de velours aux longues aigrettes. Ils mêlent le chatoiement de leurs traditionnelles vêtures à l'étalage de la pompe romaine, aux dalmatiques blanches, à la pourpre des camails de soie, à la fine dentelle des surplis. Le cérémonial respecte le rite des vieux âges. François-Joseph reçoit la couronne des mains d'Andrassy qui tient lieu de palatin ou vice-roi de Hongrie. Les dignitaires lui présentent tour à tour le globe de l'Empire, le sceptre, le calice, la Sainte Croix et l'épée. Quand l'autre couronne est posée sur la tête d'Elisabeth, la foule qui se presse aux portes crie « Eljen Erszebeth », témoignage de reconnaissance à celle que le poète Eotvos salue comme la clef brillante de l'avenir. Les cris redoublent quand le couple royal quitte la cathédrale et se confondent avec les derniers accords des orgues. Sissi a, ce jour, oublié son horreur du cérémonial. Elle est toute à ce peuple qui lui rend son amour et lui dit toute la ferveur de la « Magyarorszag ».

Il faut, encore, pour que la tradition soit pleinement respectée, que s'accomplisse le rite du « Salut royal à la Croix par le Glaive ». Le nouveau roi, à cheval, monte sur un escarpement dont la terre provient de toutes les provinces du royaume. Dressé sur ses étriers, il dessine avec son épée une croix dans l'air, selon les points cardinaux, et prête serment de défendre la constitution magyare contre ses ennemis. Elisabeth a contemplé le déroulement de ce rite symbolique d'une tribune ornée de fleurs blanches et bleues, couleurs héraldiques de Bavière. Liszt, dont la « Messe du couronnement » a accompagné le sacre, écrira à sa fille Cosima : « Je ne l'avais jamais vue si belle, elle apparaissait comme une vision céleste dans le déroulement d'un faste barbare... ».

Ce majestueux couronnement sera suivi d'une petite révolution de Palais. La Hongrie marque de nouveaux points. Sissi choisit pour lectrice une jeune hongroise de modeste lignée, disgraciée de visage autant que pauvre de kreutzers, mais intelligente et fine, Ida de Ferenczy, qu'Andrassy lui a recommandée. Encore a-t-il fallu, au préalable, la nommer chanoinesse pour qu'elle put pénétrer au Château. Elle licencie, ce même jour, le grand maître de sa maison, le très germanique Konigsegg-Aulendorf, et le remplace par le baron de Nopcza, un Hongrois de Transylvanie. Elle prend, enfin, pour première dame d'honneur, la comtesse Marie Festetics, une Hongroise encore, qui sera pour elle une confidente très sûre et une amie des plus dévouées.

C'est que le crédit de l'archiduchesse Sophie est en forte baisse. François-Joseph a fini par comprendre que cette mère autoritaire et abusive lui a fait beaucoup de tort. Elle l'a poussé dans une voie dont le terme politique, militaire et conjugal se révèle être un triple échec. Sa seule réussite, la Hongrie, il la doit à sa femme. Que n'a-t-il, dès son mariage, confiné dans la douillette

retraite des douairières, cette femme d'un autre âge et d'un autre règne ! Il n'a, d'ailleurs, aucune peine à la tenir désormais à l'écart. Un coup bien plus dur la viendra frapper au cœur, la mort de son fils cadet, Maximilien, qui, comme nous allons le voir, a, au Mexique, trouvé une mort atroce alors qu'il y était allé chercher une couronne impériale. Elle s'enfermera dans une demi-solitude morose. Elle avait trop d'orgueil pour reconnaître ses torts envers une belle-fille dont sa jalousie avait empoisonné l'existence. Sophie quittera la vie en 1872. Comme le souligne Henry Vallotton, elle eut mieux fait de quitter la Cour en 1854.

Le rapprochement qui suit le double triomphe sera, comme les autres, éphémère. Il est, toutefois, durablement consacré par la naissance, le 22 avril 1868, d'une troisième fille. L'Impératrice a, cette fois, pris le parti d'accoucher en paix à Gödöllö, un château que l'Empereur a consenti à lui acheter en Hongrie après s'être fait longuement prier, en raison de l'état où la guerre a mis ses finances, mais qu'il finira par aimer lui-même, car les environs sont giboyeux. Sissi choisit, seule, le prénom de cette fille qu'elle pourra, cette fois, élever à son gré, et qu'elle chérira d'autant : Marie-Valérie. C'est encore une révolution. Personne, ni chez les Habsbourg, ni chez les Wittelsbach ne s'est encore ainsi appelé !

QUERETARO

Le succès politique qui se confirme en Hongrie, les retrouvailles qui se préparent à Vienne chagrinent la « Dame Blanche » de la Hofburg. Elle se manifeste bientôt par le télégramme qui annonce que, le 19 juin, Maximilien, empereur du Mexique, a été fusillé à Queretaro.

Cette fin brutale est l'épilogue d'une aventure follement engagée, dont Napoléon III porte la première responsabilité. Les difficultés que connaissent les Etats-Unis, empêtrés dans la guerre de Sécession, lui paraissent fournir l'occasion de barrer l'extension de leur influence vers le sud par la création d'un empire latin placé sous l'égide de la France. Pour occuper le trône du Mexique, il pense à Maximilien d'Autriche, un cadet mécontent de n'être pas aîné, un Allemand rêveur, un grand corps sans nerfs. Il trouve des auxiliaires aveugles dans deux femmes : la sienne propre qui, catholique et espagnole, prête une oreille complaisante aux émigrés chassés de leurs haciendas par la dictature indienne de Juarez, celle de Maximilien, Charlotte de Belgique, dont l'ambition est de porter la couronne. François-Joseph, de son côté, n'est pas mécontent de voir s'éloigner un frère qu'il n'aime guère et dont il redoute les tendances libérales. Le Vatican approuve. L'Angleterre, elle, prudente, se tient à l'écart. Seule Sissi se montre ouvertement hostile. Elle écrit à sa belle-sœur Charlotte une lettre qui la peint, elle-même, tout entière : « Pourquoi chercher des honneurs stériles et l'esclavage d'un trône, alors que vous avez le privilège de vivre votre vie ? Pourquoi compromettre votre bonheur par tant de corvées et de cérémonies fastidieuses ? Pourquoi renoncer aux orchidées de Miramar ? »

Maximilien n'en part pas moins pour le Mexique appuyé par un corps expéditionnaire français que commande le général Bazaine, le futur capitulard de Metz. Des dissentiments croissants, entre le nouvel Empereur et le chef militaire, entraînent le retour de nos troupes au moment où les yankees victorieux peuvent appuyer efficacement Juarez. Maximilien, qui ne dispose plus que de quelques volontaires autrichiens et belges, se sent perdu. Sa femme tente de le sauver. Elle part pour l'Europe. Les Tuileries lui réservent l'accueil le plus froid. La Hofburg, que les affaires

François-Joseph entouré de ses frères. Debout, appuyé au canapé, Maximilien. Ce dernier vivait heureux dans sa belle propriété de Miramar, où les souverains lui rendaient visite (à gauche). Mais il aurait voulu — et son épouse plus encore — devenir roi. Sagesse de Sissi s'adressant à sa belle-sœur : "Pourquoi chercher des honneurs stériles et l'esclavage d'un trône, alors que vous avez le privilège de vivre votre vie ? Pourquoi compromettre votre bonheur par tant de corvées et de cérémonies fastidieuses ? Pourquoi renoncer aux orchidées de Miramar ?".
Le futur Empereur du Mexique finira fusillé. "Il mourra avec toute la noblesse d'un prince de grande race. Le tableau de Monet a immortalisé la scène" (ci-dessous).

allemandes absorbent, laisse tomber. Elle bondit au Vatican : Pie IX lui expose avec beaucoup de douceur qu'il ne peut rien. Le désespoir la conduit à la folie. La malheureuse Impératrice croit que l'on veut l'empoisonner. Elle refuse la nourriture qu'on lui présente, va boire aux fontaines publiques, ne mange plus que les poulets qu'elle fait égorger et cuire devant elle, dans sa chambre. Ramenée à Miramar, les meilleurs aliénistes ne peuvent que constater une démence incurable. Elle est ensuite transférée en Belgique et internée au château de Tervueren, puis à celui de Bouchout. Elle y mourra en 1927, après cinquante années de réclusion. Le rêve de la pauvre impératrice s'est évanoui dans les sangles de la camisole de force.

Quant à Maximilien, réduit à capituler, fait prisonnier, traduit devant la Cour martiale, il sera condamné à mort et fusillé. Il mourra avec toute la noblesse d'un prince de grande race. Le tableau de Manet qui se trouve aujourd'hui à la Tate Gallery de Londres, a, comme l'on dit, immortalisé la scène.

Portrait de famille dans le parc du château de Gödöllo. Une bien belle photographie de Sissi et une autre, de Gisèle et Rodolphe. Ci-dessous : le jeune Archiduc conduisant sa sœur en calèche; une photo de Gisèle et une autre de Rodolphe en tenue de chasse.

LE VOL DE LA MOUETTE

Le modus vivendi qui s'est établi entre François-Joseph et Sissi ne la ramène cependant à Vienne que de façon épisodique. Elle préfère la Hongrie, Ofen, aux portes de Budapest, et surtout Gödöllö, avec son cadre de pâturages, d'étangs et de forêts. Elle vit à cheval, comme une amazone. Il ne lui paraît pas suffisant de monter à ravir, elle veut devenir une virtuose de l'art hippique. Il existe, à ce moment, un grand et célèbre cirque, le cirque Renz dont la vedette est la propre fille du propriétaire, l'écuyère Elisa. Sissi fait construire un manège à Gödöllö et invite Elisa à venir lui donner des leçons. Elle la prend vite en amitié et l'installe à demeure. Les deux femmes ne se quittent plus. Cette intimité étonne et fait un peu jaser avec plus de perfidie, d'ailleurs, que de probité, comme a déjà donné lieu à de déplaisantes remarques, la dilection de l'Impératrice pour sa jolie coiffeuse Fanny Engerer. La lecture occupe les jours de pluie et la musique remplit les soirées. Sissi est excellente musicienne : Bach, Mozart, Schumann, Chopin revivent sous ses doigts.

L'Empereur vient souvent chasser à Gödöllö. Cette période qui couvre les années 68 à 72, et qu'on peut appeler la période de la stabilité hongroise, au cours de laquelle les époux ont trouvé, à défaut d'une impossible compréhension, un climat de détente et de paix, n'a pas guéri cette fièvre des voyages qui avait déjà lancé Sissi sur les routes maritimes en quête d'espace, de ports et d'îles. Elle en est reprise, bien que sa belle-mère vienne de mourir, qu'elle choisisse désormais elle-même son entourage, qu'elle élise à son gré sa résidence. Les blessures sont trop profondes et les souvenirs trop amers. Que désire-t-elle, que cherche-t-elle dans ce tourbillon qui l'emporte, à nouveau ? Barrès écrit : « Ses déplacements n'avaient point la belle et raisonnable régularité des migrations d'un oiseau voyageur ; c'était plutôt le tournoiement d'un esprit perdu qui bat les airs, qui ne trouve plus de gîte et qu'aucune discipline ne règle ». C'est vers une île encore qu'elle reprend son vol : l'île de Wight, dans la Manche, où elle trouvera, chose rare sur une terre anglaise, l'alliance du soleil et de la verdure. Est-elle curieuse d'y vérifier le proverbe qui veut que cette île n'ait jamais produit ni un bon cheval, ni un homme sensé, ni une jolie femme ?

ɩrchiduchesse So-
ɩe est morte : la
ɩille impériale à
obsèques. —
ɩnçois-Joseph rè-
ɩ depuis mainte-
ɩt vingt-cinq ans :
si se rend aux
ɩes du Jubilé. A
ɩite, gravure an-
ɩnne et photo du
ɩteau de Gödöllo.

François-Joseph la suppliera en vain de demeurer, mais ne tentera pas de la retenir de force. Il aura, au contraire, pour elle des trésors de bonté et des trésors tout court. Cet Empereur qui se montre parcimonieux des deniers de la couronne, au point d'utiliser pour rédiger ses télégrammes, les pages blanches des rapports qui lui sont remis et qui porte toujours le même uniforme pour ménager sa garde-robe, ouvrira largement sa cassette à une Sissi qui y puisera sans mesure. Il est deux façons de mépriser l'argent : le refuser ou le gaspiller. La seconde est celle de l'Impératrice. Si elle dédaigne les honneurs publics, elle aime le luxe privé. Si elle refuse les devoirs de sa charge, elle jouit à l'extrême des avantages matériels que celle-ci accorde. Son train est fabuleux, sa dépense fantastique. Ses déplacements entraînent une véritable migration. Elle est suivie de tout un peuple de serviteurs. Elle emmène aussi en dehors d'Ida Ferenczy et de la comtesse Festetics qui ne la quittent jamais, médecin, secrétaire, chapelain, sans oublier le plus utile de tous : le trésorier. Quand, en juillet 1875, elle part pour la France, la suite ne compte pas moins de 90 personnes, pour ne rien dire des chevaux, des perroquets et des chiens.

Sissi a découvert que Marie-Valérie avait besoin des bains de mer. Elle a pour cette enfant une tendresse passionnée, comme si elle concentrait sur elle tout son besoin d'aimer. Gisèle est mariée depuis deux ans. Elle a épousé le prince Léopold de Bavière. Rodolphe lui échappe. François-

Joseph a bien essayé de la dissuader en faisant valoir qu'un séjour dans la France républicaine serait ressenti comme une injure par les cours régnantes. Elle n'en persiste pas moins et loue à Sassetat-les-Mauconduit, en Normandie, une belle demeure du XVIIIe siècle entourée d'une magnifique hêtraie. Elle en ferme la porte à tous les visiteurs. Cette Impératrice aime les humbles, les pêcheurs, les paysans, pas au point cependant de détourner son cheval de leurs récoltes, et jusqu'aux fous de village, affirme une dilection pour les pauvres, sinon pour la pauvreté et se montre pleine de mansuétude pour les vaincus, son mari excepté. Elle déteste, par contre, les parvenus qui ont, dit-elle, tous les vices de l'ancienne noblesse mais non les vertus. La folle imprudence avec laquelle elle monte, lui vaut, dans ce pays de bocages, dont les prés sont coupés de haies vives, une chute de cheval qui entraînera une commotion cérébrale et l'obligera à garder le lit pendant trois semaines. Ce qui donnera l'occasion à sa nièce morganatique, Marie Larisch-Wallersee, dont elle a été la bienfaitrice et qui jouera, par la suite, un rôle odieux dans le drame de Mayerling, d'insinuer qu'elle est venue en Normandie pour accoucher clandestinement.

Il était inévitable qu'une vie sentimentale secrète fut prêtée à cette femme si belle, si attirante et demeurée si longtemps jeune. Divers bruits ont couru, des noms ont été prononcés : le comte Paul Hunyadi qui l'accompagna à Madère en qualité de chambellan et qui faisait avec elle de longues promenades dans l'île ; Andrassy qui négocia avec elle, dans de longs tête-à-tête, les conditions du rapprochement austro-hongrois ; le capitaine Middleton qui sera son servant lors des furieuses chasses à courre d'Angleterre. Tout cela ne repose sur aucun fondement sérieux, et rien ne permet de prêter des amants à l'Impératrice. Il semble au contraire qu'elle ait toujours gardé, avec le sentiment de sa dignité personnelle, le respect d'une condition impériale dont elle refusait, sans doute, les exigences protocolaires, mais dont elle gardait le sens profond ainsi que le prouvent ses retours en Autriche chaque fois qu'elle peut, effectivement, y faire du bien. Elle était d'ailleurs plus romanesque que sensuelle et plus espiègle que véritablement coquette.

« UNE OMBRE SUR SON ÂME... »

L'accident de Sassetot n'a pas dégoûté Sissi de l'équitation ; il ne l'a pas non plus guérie de sa témérité. De 1877 à 1882, elle se rend chaque année en Angleterre, dans les Middlands qui groupent les plus célèbres rendez-vous de la chasse à courre, Easton Weston, Belvon Castle, Melton Mowbray, ou en Irlande dans le Connemara, où l'on pratique le fox hunting, cette poursuite, dit Wilde, de l'immangeable par l'innommable. Il arrive à Sissi de rester en selle six heures d'affilée, de parcourir près de cent milles dans une journée. Elle monte sans gants, aborde audacieusement les obstacles qu'elle franchit au grand galop, plonge dans les étangs, se lance à travers bois. Elle adore ces courses qui lui apportent, en même temps que la griserie de l'air et de la libre course dans la nature, le spectacle risible de ces cavaliers raidis dans leurs habits rouges, de ces piqueurs

Sissi a hérité des siens la passion du cheval. Amazone remarquable, elle participe volontiers à des chasses à cour (ci-contre et ci-dessous).

En traineau, avec Rodolphe, et conduisant elle-même un équipage, à Laxenburg.

Ci-dessus, son intime amie hongroise, Ida de Ferenczy.

Deux photos d'époque. "Sa Majesté est toujours bonne et gentille... mais elle n'est plus la même, il y a une ombre sur son âme".

vains de leurs bottes jaunes et de ces amazones sans grâce que coiffe un lugubre haut de forme noir.

Cette passion du cheval, qu'Elisabeth avait poussée jusqu'à n'acheter dans les expositions de peinture que des toiles figuratives de beaux coursiers, prend brusquement fin. Elle s'en expliquera beaucoup plus tard en confiant à l'une de ses dames d'honneur, la comtesse Staray : « Soudain, sans raison, j'ai perdu courage et moi, qui la veille encore ne soupçonnais aucun danger, je voyais une menace dans chaque buisson et ne pouvais libérer mon esprit de son angoisse ». C'est la traduction de l'effet conscient d'une cause cachée. A partir de 1882, le mal empire. La nervosité confine maintenant à la névrose. La mélancolie devient de la misanthropie. Sissi ne veut plus entendre parler de ces chasses à courre qui sont encore des manifestations mondaines. Elle broie du noir. Les sourires se font plus rares. Si elle demeure lucide d'esprit, des penchants morbides apparaissent. Elle est préoccupée par les maladies mentales et visite les asiles d'aliénés, Bedlam à Londres, le Kreis Anstalt à Munich. Ses chevaux préférés sont morts : Mahomet, Shadox, Platon. Elle a vendu ses écuries et jusqu'à Minotaure, son meilleur pur-sang. « Où donc eussent été satisfaits les désirs intimes de cette Impératrice méprisante et rassasiée ? »

Une autre passion s'empare d'elle : la marche, la marche sans cause, sans arrêt, sans but, pendant des heures, à pas précipités. Quand elle revient, elle est accablée, non de la fatigue qu'elle subit mais du vide qu'elle retrouve. Personne ne peut la suivre à son allure, même à dos d'âne comme ses dames d'honneur tentent ridiculement de le faire. Il faut engager une intrépide marcheuse, une jeune Hongroise, Charlotte de Majlath, qui se spécialisera dans ces marathons quotidiens. Il semble qu'Elisabeth se fuie elle-même, qu'elle tente d'échapper à un malaise, vague et diffus, mais poignant et intolérable. Elle souffre du spleen, de cet incurable ennui qui saisit les âmes désordonnées, habite les cœurs insatisfaits et leur verse « un jour plus triste que les nuits ». Son entourage est surpris par le pessimisme de ses propos, parfois même par leur affectation et leur étrangeté. Ida Ferenczy, dont l'affectation ne voile pas la clairvoyance, dira d'elle à ce moment : « Sa Majesté est toujours bonne et gentille et quand nous sommes seules elle me parle comme autrefois. Mais elle n'est plus la même, il y a une ombre sur son âme. Je ne puis trouver d'autre mot. Car quand quelqu'un nie de façon systématique l'existence des beaux et nobles sentiments, comment appeler cela, si ce n'est amertume et cynisme ».

La vie d'Elisabeth devient alors un film de voyage. Elle va consulter des médecins et des charlatans, à Amsterdam, à Wiesbaden, à Paris où elle circule sur l'impériale des omnibus et paie sa place d'une pièce d'or. Sa santé est devenue son premier souci. Pour la rétablir, elle mange de la viande crue et boit du sang chaud. Chaque année, elle fait plusieurs cures : Carlsbad, Kissingen, Baden. Elle navigue aussi, on la voit à Alger, Athènes, Ajaccio. Son yacht blanc sillonne en tous sens la Méditerranée. Elle ne se lasse pas de la mer, la vie marine lui paraît « chimiquement pure ».

"François-Joseph apprécie beaucoup une actrice, Catherine Schratt (ci-contre), qui a du talent, passe pour gaie, honnête et bonne. Lors d'un de ses brefs séjours à Vienne, Sissi la fait venir et lui confie très simplement ce qu'elle attend d'elle : une compagnie pour l'Empereur qui est très seul. Elle a la main heureuse".

A droite, le roi Louis II de Bavière en sa jeunesse. "L'affection lie Sissi à ce cousin dont l'étrangeté, loin de la rebuter, l'attire".

Comme à chaque escale, le consul d'Autriche-Hongrie vient en grande tenue interrompre son rêve et contrarier son humeur pour le salut d'usage, elle affrète un autre bateau, le « Chazalis » et navigue sous le nom de Mrs. Nicholson pour échapper à tout rappel officiel. C'est une mauvaise barque. Sissi, qui a des lettres, se fait comme Ulysse attacher au mât quand retentit l'orageux chant des sirènes. Elle berce son infini sur le fini des mers, fouette son désenchantement au rythme de la lame, livre son insatisfaction aux caprices du vent. Un peu d'apaisement lui vient de cet incognito et de cette solitude qui l'affranchissent du temps et lui évitent les contacts qui la blessent et les cérémonies qui la tuent.

MADAME SCHRATT

Sissi n'ignore pas que son mari souffre de ces longues séparations. Elle le sait d'autant mieux qu'il lui envoie sans se lasser des lettres tendres, pressantes qui la supplient de revenir à Vienne, de reprendre une vie commune, de faire la paix avec les Viennois qui ne ménagent pas dans leurs propos une Impératrice qui leur montre un pareil dédain. Il n'est pas question qu'elle accepte. Mais, femme d'esprit, dénuée de préjugés, indifférente à l'opinion, l'Impératrice pense à se faire remplacer. Elle a conscience de n'avoir pas su rendre François-Joseph heureux. Mais ce qu'une femme a manqué, une autre peut le réussir. Elle se rappelle que François-Joseph apprécie beaucoup le jeu d'une actrice du Burgtheater, Catherine Schratt, qui est jolie, a du talent, passe pour gaie, honnête et bonne. Lors d'un de ses brefs séjours à Vienne, Sissi la fait venir et lui confie très simplement et très directement ce qu'elle attend d'elle : une compagnie pour l'Empereur qui est très seul. Elle a la main heureuse. Catherine Schratt sera pour François-Joseph une amie sûre, fidèle, désintéressée ; elle l'informera et le conseillera sans jamais devenir l'instrument d'une coterie ou le porte-parole d'un clan. Il trouvera auprès d'elle un bonheur qui satisfait le côté bourgeois de sa nature. Quant à l'Impératrice, elle entretiendra avec sa « remplaçante » les relations les plus amicales, les plus confiantes et, à certain regard, les plus choquantes. Elle la reçoit, à cette villa Hermès que l'Empereur a fait construire à son intention dans le parc de Lainz qui prolonge les jardins de Schoenbrunn et se promène avec elle sans se soucier de l'hypocrite effroi que suscite son intimité avec une cabotine.

François-Joseph apprend à couper en deux sa matinée de travail par une visite à la petite maison de la Gloriette Gasse, puis à la Villa Felicitas où Madame Schratt lui a préparé un bon café viennois avec de la crème fouettée, le « Kaffee mit Schaum », un Kugelhopf et une succulente charcuterie au raifort dont il est très friand, les « Kremwurzeln », ce qui fera dire à un homme

d'esprit que Catherine Schratt est une dame qui attache son Empereur avec des saucisses. Excellente maîtresse de maison, c'est aussi une femme agréable, fraîche, blonde, avec de longs yeux bleus sous des sourcils bien arqués, un peu dodue, la taille prise. Son parler est vif et drôle, son humeur toujours enjouée. Aussi peut-on se demander si François-Joseph n'a pas apprécié en elle plus que ses talents culinaires ou son piquant babil et si, au début tout au moins, leur intimité n'a pas gagné la chambre à coucher. Certains le nient, faisant valoir que la correspondance échangée entre eux est simplement amicale et que la famille impériale n'aurait pas entouré d'autant de respect une liaison suspecte. Sans doute. Mais quand on sait la salicité de l'Empereur, il est difficile de croire que lorsqu'il connaît la gracieuse Madame Schratt, il n'a alors que 56 ans, il n'ait pas été tenté de la déshabiller.

LOUIS II DE BAVIERE

En juin 1886, Sissi, au retour d'une croisière en Méditerranée orientale dont Smyrne, Chypre, Rhodes, Port Saïd ont été les escales, séjourne à Feldafing dans un hôtel tout proche de Possenhofen qu'elle aime retrouver comme le miroir enchanté de sa jeunesse. C'est là qu'elle apprend la mort de son cousin Louis II, roi déchu de Bavière, dont le corps a été trouvé noyé dans les eaux du lac de Starnberg.

Homme singulier et extravagant, souverain mégalomane que la politique, comme les femmes, laissait indifférent. Louis II avait deux passions, l'architecture et la musique. Il avait fait construire de somptueux palais, tantôt dans le goût médiéval, tantôt dans le style classique, inspi-

rés alternativement de la Wartburg et de Versailles. Il n'y rassemblait aucune cour, n'y recevait ni ministres ni ambassadeurs, n'y cherchait aucun intérêt d'Etat. Il y voyait un refuge contre les réalités refusées du monde et de la vie, la matérialisation de son rêve intérieur. La musique apportait à ce roi solitaire moins une volupté d'art qu'une évasion dans l'imaginaire. Il avait recueilli Wagner, perdu de dettes, lui avait offert l'hospitalité de Berg et fait pour lui autant de folies que son grand-père Louis Ier pour Lola Montès. Il se faisait donner des représentations d'opéras pour lui seul, s'identifiait aux personnages du drame musical, et voguait la nuit dans la nacelle de Lohengrin à l'abri d'une grotte bleue, imitée de Capri, sous le regard de la Vénus de Tannhaüser.

Louis II avait été fiancé à Sophie, sœur cadette d'Elisabeth. Etranges fiançailles décidées dans la précipitation et rompues dans le burlesque. Le roi appelle sa fiancée Elsa, sa future belle-mère, la Walkyrie, fait tapisser ses appartements aux armes du Graal, mais diffère la cérémonie, jusqu'à ce que le duc Max, si débonnaire pourtant, se fâche et rompe. Libéré de ce « terrible cauchemar », entendez la perspective de devoir prendre une femme dans ses bras, Louis II retourne aux acteurs et aux palfreniers.

Les folies du roi de Bavière finiront par le faire tenir pour fou tout court. Il sera destitué et enfermé au château de Berg. Fou, l'était-il au sens clinique du terme ? Le rapport médical le déclare atteint de paranoïa incurable. S'il fallait interner tous less paranoïaques qui courent le monde, les asiles n'y suffiraient pas ! Que Louis II ait été incapable de régner et qu'un conseil judiciaire lui ait été nécessaire pour ses finances privées, d'accord, mais la psychiatrie du temps ne connaît pas les nuances : le trône ou le cabanon. Quoi qu'il en soit Louis II a été trouvé mort, noyé avec son médecin, le Docteur Gudden. Suicide ou tentative de fuite, qui le saura jamais ?

L'affection, plus encore que la parenté, lie Sissi à ce cousin dont l'étrangeté, loin de la rebuter, l'attire. Elle incline à voir en lui une âme poétique qui tente d'échapper à la laideur du réel. Cette idéalisation lui dissimule ce qui pourrait l'inquiéter si elle reconnaissait dans la chimère de son royal parent, la montée d'un mal dont elle porte elle-même le germe. Certaines tendances com-

gauche, gravure
ntrant Sissi et
uis II devisant
ıs la petite île
: Roses du lac
.rnberg. Ci-con-
, le roi sur sa
ıche funèbre.

munes, le goût de la solitude fastueuse, le besoin d'affranchissement, une sensibilité inquiète ne doivent, cependant, pas faire négliger tout ce qui les sépare. Sissi ne délire point. Elle n'a rien d'une paranoïaque ni d'une hallucinée.

Ils s'écrivent souvent. Lui est l'aigle, roi des montagnes, elle la mouette, reine des mers. Ils se rencontrent parfois dans cette île du lac de Starnberg où Louis II a fait construire un pavillon à l'italienne et planter quinze mille rosiers. Ils se promènent sur l'eau à bord d'un petit vapeur à aubes, le « Tristan ». Là, ils oublient la couronne qu'ils portent et pour laquelle ils ne sont, ni l'un ni l'autre, faits. Certains ont voulu voir dans ces entrevues romanesques une ébauche de roman. Jusqu'où est allée la sympathie entre ces deux magnifiques specimens de la beauté physique, cette Impératrice qui a la grâce d'une déesse, ce roi, grand et mince comme elle, au masque d'Antinoüs ? Sans doute Louis II est rebelle au charme féminin. Mais la mysogynie serait-elle la seule forme de stabilité qu'il ait connue ?

La présence d'Elisabeth aux bords du Starnberg, au moment même où le roi se jette à l'eau après avoir assommé son geolier a paru aussi trop étrange pour qu'une simple coïncidence soit à envisager. Avait-elle été prévenue d'un projet d'évasion ? En était-elle complice ? De pareilles questions demeurent sans réponse. Même si l'imagination est sollicitée par ce qui est peut-être la vérité, rien de certain n'étaie son vagabondage. Ce qui est, par contre, certain c'est que cette disparition affecte très profondément Sissi et que son état nerveux empira après qu'elle fut venue glisser une branche de jasmin dans la main du mort. Quand elle quitte la chambre mortuaire, l'assistance que frappe sa pâleur, l'entend à plusieurs reprises répéter : « Quand il se met à détruire, le Grand Jehovah est terrible comme la tempête ! ».

Portrait de l'Archiduc Rodolphe. Une lettre d'Elisabeth à celui-ci.

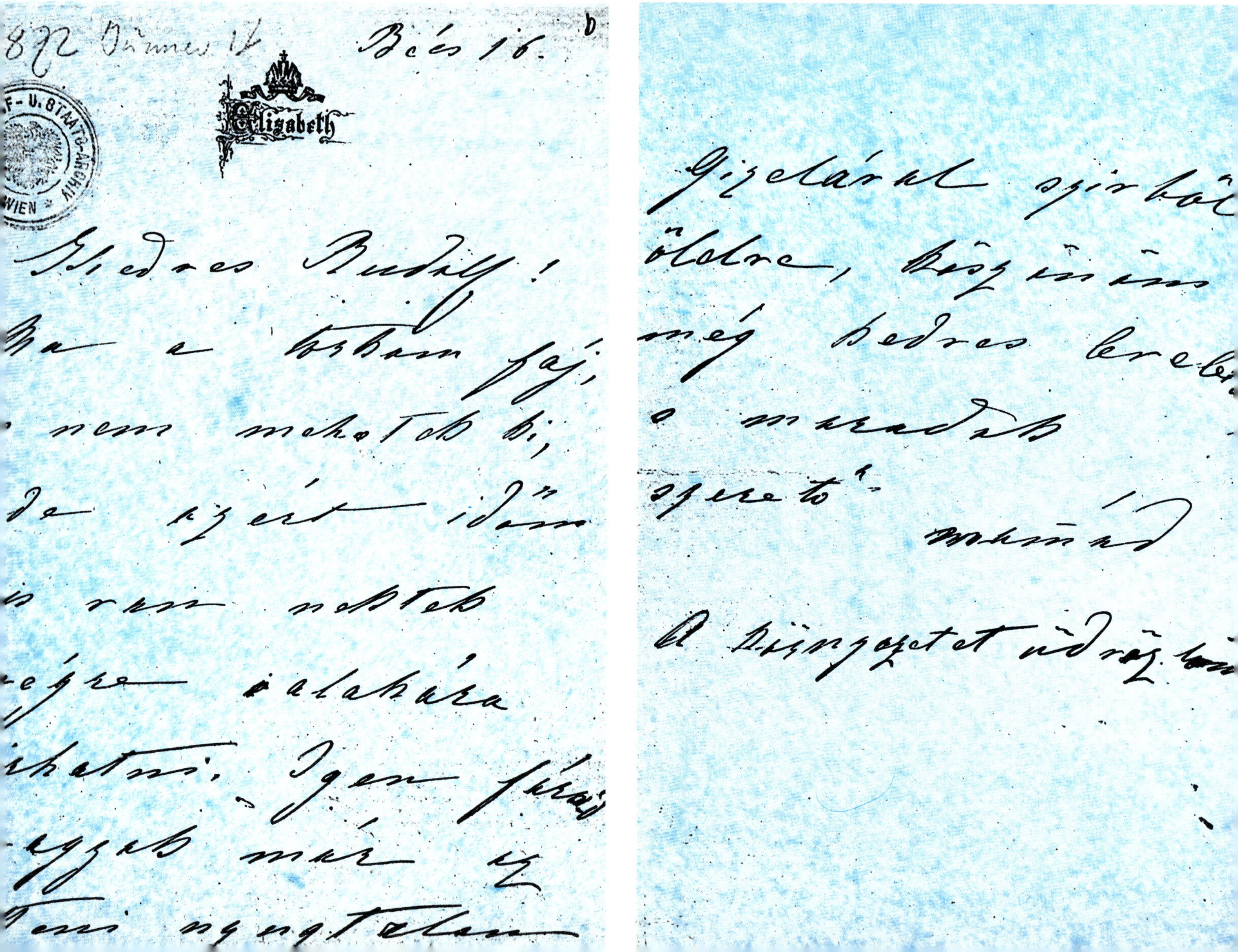

"Rudi adore cette mère épisodique"... — "Elle le voit rarement mais elle le connaît bien parce que leurs sensibilités sont proches, leurs goûts voisins, leur tendances communes".

L'ARCHIDUC RODOLPHE

L'Impératrice n'attendra pas trois ans pour porter une croix plus lourde et prendre un deuil plus cruel encore. Son fils Rodolphe se suicide le 30 janvier 1889 à Mayerling, un pavillon de chasse, à quelques lieues de Vienne, à la lisière méridionale du Wienerwald.

Ce fils qu'elle voit rarement mais qu'elle connaît pourtant bien parce que leurs sensibilités sont proches, leurs goûts voisins, leurs tendances communes n'a pas été élevé par elle, en conformité d'une règle que l'archiduchesse Sophie a appliquée dans toute sa rigueur. Elle ne s'en est pas pour autant désintéressée, intervenant, quand il était petit, pour faire congédier un gouverneur trop brutal, l'arrachant quelques heures à un autre moins sévère ; lorsqu'elle le voit grandir, elle l'attire à elle, et en conversant lui inculque sa haine de la Prusse et son amour de la Hongrie. Elle hantera son adolescence par l'idéal de gracilité féminine qu'elle lui propose, avec sa minceur d'amazone, ses frêles épaules, ses cheveux qui retombent dans le creux du dos, sa démarche ailée au bruissement léger. Rudi adore cette mère épisodique. L'une des plus grandes joies qu'il éprouve et qu'elle partage avec lui, c'est le jour où, après de longues recherches, il peut lui offrir le manuscrit du « Reisebilder » de Heine.

Entre une majorité qui l'affranchit des autres et une mort prématurée qui le libère de lui-même, l'archiduc Rodolphe a vainement cherché le bonheur intime et la gloire extérieure. Marié par raison d'Etat à la princesse Stéphanie de Belgique, il ne peut s'accorder avec cette femme sans grâce, mesquine et jalouse. Il cherche dans des amours faciles, des plaisirs qui le consoleront : il n'y trouve que monotonie, lassitude et dégoût. François-Joseph ne se soucie pas de préparer à la tâche qui sera, un jour, la sienne, un prince héritier dont le caractère est à l'opposé du sien et dont les tendances l'inquiètent. Le père est misonéiste, autocrate, centralisateur ; le fils se révèle novateur, libéral, fédéraliste. Rodolphe n'éprouve pas seulement l'ambition de jouer un rôle. Il est convaincu que la politique impériale, servie par Taaffe, le Premier ministre, et l'archiduc Albrecht, le ministre de la guerre, conduit la double monarchie au démembrement et à la ruine. Ses idées sont sans doute floues et confuses et il éprouve du mal à canaliser leur abondance. Ce n'est cependant pas le touche à tout ni le dilettante que l'on s'est, parfois, plu à peindre. Une

passion le domine : rassembler les Slaves autour d'une Hongrie qui deviendrait le fer de lance d'une pénétration balkanique et le cœur d'un grand Empire allant du Danube à la mer Egée. Nouvelle version du « Drang nach Osten » ! Au lieu de cela, Vienne tourne dans l'orbite de Berlin, et les Habsbourg jouent les brillants seconds de ces parvenus que sont les Hohenzollern !

L'archiduc ne saurait se satisfaire d'une existence aussi creuse. Il est guetté par le *taedium vitae*. Son intelligence est vive, mais sa volonté est molle. Que faire d'ailleurs ? Tenter de jouer un rôle propre ? Ce serait provoquer un éclat. Répandre ses idées ? L'Empereur qui voit déjà d'un mauvais œil les relations pourtant discrètes qu'il entretient avec les journalistes, ne le tolèrerait pas. Ecouter son cousin, l'archiduc Jean Salvator de Toscane, un audacieux celui-là, qui mettait volontiers à la retraite, s'il ne les envoyait pas au cimetière, ceux qui s'opposent à la régénération d'un empire en déclin ! Ce serait pure félonie.

Devant Laxenburg : l'Empereur et l'Impératrice, le Kronprinz et son épouse. A droite : Rodolphe, la princesse Stéphanie sa femme et leur petite fille. Stéphanie en robe d'apparat. Elle était, on le sait, née princesse de Belgique.

L'Archiduc en tenue de chasse. — Chez lui... — E
famille, un soir de Noël. — Conduisant un attelag
— "Le prince se révèle novateur, libéral, fédéralist
Une passion le domine : rassembler les Slaves auto
d'une Hongrie qui deviendrait le cœur d'un gran
Empire allant du Danube à la mer Egée".

MARIE VETSERA

L'oubli d'une intimité absente, la consolation d'une ambition sans aliment, Rodolphe va les chercher auprès d'une jeune fille de dix-sept ans, la baronne Marie Vetsera. Il sécrète, dans le creux de son cœur, une sombre passion pour cette femme qui est encore presque une enfant, mais que son ascendance semi-orientale a fait petite et potelée, tôt épanouie, et qui est, tout à fait, étrangère au type qu'il s'est formé d'après sa mère. Elle est, au vrai, jolie et elle l'adore. Il est sensible à cet élan juvénile, au battement de ce cœur neuf, et noue un lien que sa cousine Marie de Larisch, jouant les pourvoyeuses, favorise et transforme en filet. Ce qui n'était, au départ, qu'un jeu, devient progressivement un engluement au point que lorsque Marie Vetsera devient sa maîtresse, l'archiduc envoie à Léon XIII une longue lettre pour demander l'annulation de son mariage. La réponse du Vatican est, l'on s'en doute, un refus, mais elle est adressée à l'Empereur et non au demandeur. La suite en est une scène des plus violentes entre le père et le fils. Deux jours plus tard, Rodolphe et Marie Vetsera sont trouvés morts à Mayerling, dans des conditions qui n'ont, à ce jour, pas été encore pleinement éclairées.

"Marié par raison d'état, Rodolphe ne peut s'accorder avec sa femme, mesquine et jalouse. Il cherche dans des amours faciles des plaisirs qui le consoleront". Et puis, sa cousine Marie de Larisch (à droite) lui fait rencontrer une jeune fille de dix-sept ans, Marie Vetsera. "Elle est jolie et elle l'adore. Il est sensible à cet élan juvénile, au battement de ce cœur neuf". En page de gauche et ci-dessus, cinq photos de Marie. Ci-dessous : l'épouse délaissée et sa petite fille. Rodolphe a écrit au pape pour demander l'annulation de son mariage.

Mayerling, pavillon de chasse, à quelques lieues de Vienne. Ci-contre, la chambre de l'Archiduc; à droite, le site.
Le 30 janvier 1889, le drame : Rodolphe s'est suicidé, après avoir tué Marie. En ces lieux.
En bas, à droite : son ami le comte de Hoyos, qui a découvert les cadavres, arrive à la Hofburg pour annoncer le drame.

LA DOUBLE MORT VOLONTAIRE

Le drame de Mayerling a déchaîné bien des imaginations et fait ouvrir beaucoup d'encriers. Toutes sortes d'hypothèses ont, dans le mystère persistant, été émises à son sujet. Il ne paraît cependant pas douteux qu'il s'agit d'une double mort volontaire et à l'avance préparée. Les mobiles de la malheureuse baronne Vetsera paraissent clairs : elle a accepté de mourir parce qu'elle s'était donnée sans pensée de retour, qu'elle n'envisageait pas de possible existence sans son amant, parce qu'elle lui apportait ainsi la preuve irréfutable d'un amour absolu. Pour Rodolphe, l'affaire est moins claire. Deux versions ont été proposées. Selon l'une, sentimentale, l'archiduc s'est tué parce que l'Empereur, furieux en recevant la réponse du Pape, lui a intimé l'ordre de rompre. Selon l'autre, politique, le prince héritier n'aurait eu d'autre issue après s'être compromis avec l'opposition hongroise qui lui aurait offert de ceindre la couronne de Saint Etienne sans attendre la mort de son père. A ces deux explications, qui ne s'excluent nullement, de récentes recherches ont ajouté une troisième : François-Joseph aurait révélé à Rodolphe qu'il avait eu des faiblesses pour la baronne Hélène Vetsera, la mère de Marie, et que celle-ci était sa fille. L'horreur sacrée soulevée dans le cœur des deux amants qui découvraient, après coup, être frère et sœur consanguins, les aurait conduits à cet acte désespéré, pour se punir de leur inceste et expier un amour d'autant plus monstrueux que Marie aurait été enceinte. Cette thèse, très séduisante, qui a le double mérite de s'accorder avec les apparences, et d'expliquer certaines phrases étrangement tombées de la dernière plume de l'archiduc, ne repose cependant pas sur une démonstration convaincante.

C'est un ami et compagnon de chasse de Rodolphe, le comte Hoyos, qui découvre les corps sans vie et bondit à la Hofburg pour dire ce qu'il a vu. Il est successivement reçu par le comte Paar, aide de camp de sa Majesté, le comte Nopcza, intendant de la Maison de l'Impératrice, Bombelle, le chef de la Maison de l'archiduc, la comtesse Ferenczy, dame d'honneur d'Elisabeth. Tous les quatre écoutent son récit haletant, confus, inexact en outre, car il parle d'empoisonnement, mais aucun d'eux ne veut entrer dans le cabinet impérial pour porter la sinistre nouvelle. La femme se montrera la mieux inspirée, la plus courageuse. Elle ira, il est vrai, trouver l'Impératrice et non l'Empereur. Les ménagements de parole, les hésitations, les demi-silences n'empêcheront pas Sissi de recevoir en plein cœur le coup terrible. C'est elle, aussi, qui apprendra à son mari la mort de ce fils avec lequel il s'entendait si peu et qu'il comprenait si mal mais qui était, tout de même, son sang et sa couronne. Si bouleversé qu'il soit, l'Empereur pense à l'honneur de sa Maison et le soin qu'il en a lui inspire des mesures plus propres à le salir qu'à le laver. Il tente, d'abord, de faire croire à une mort accidentelle, mais la presse rétablit la vérité. Il essaie de

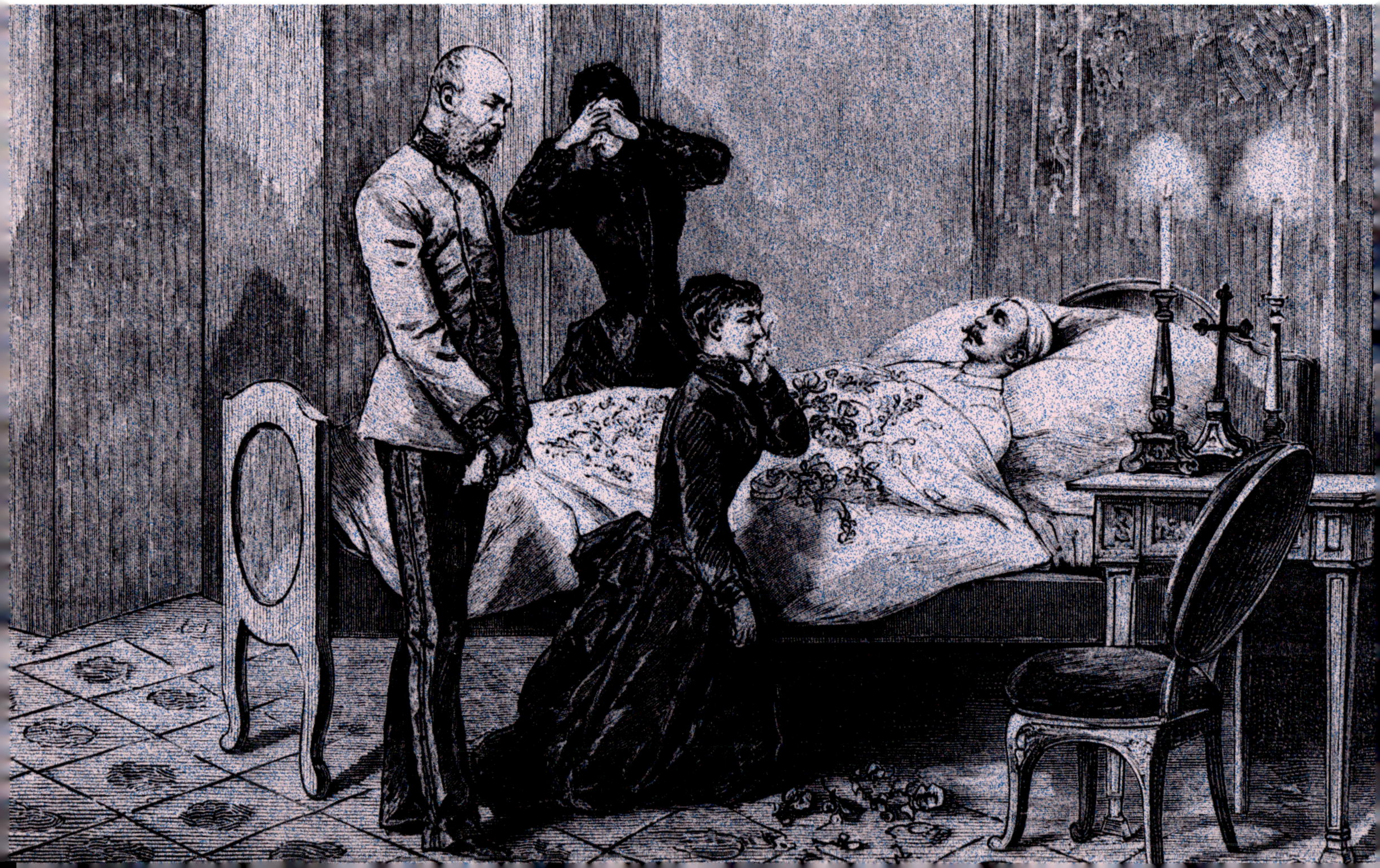

K. K. Hof- Burgtheater.

In Folge plötzlichen Ablebens Sr. k. und k. Hoheit des durchlauchtigsten

Kronprinzen Erzherzogs Rudolph

bleiben die k. k. Hoftheater

heute geschlossen.

Wien, am 30. Jänner 1889.

A gauche : Rodolphe sur son lit de mort. La visite de ses parents. "Ils pleurent. Madame Schratt vient joindre sa peine à la leur". Une affiche du Burgtheater annonçant relâche en raison de la tragédie.

faire pression sur le médecin qui a établi le certificat de décès, le Docteur Widerhofer, pour qu'il déclare que Marie Vetsera a empoisonné l'archiduc avant de se tuer elle-même. La conscience professionnelle du praticien s'y refuse. L'attitude des corps, le trajet des balles, la position de l'arme, montrent à l'évidence que le prince héritier a tué sa maîtresse et s'est ensuite suicidé. La seule concession qu'il fait, c'est d'affirmer que l'archiduc s'est donné la mort dans un moment de folie. Rodolphe n'est donc pas décédé en état de péché mortel ; son corps ira rejoindre au Kaisergruft, cette crypte de l'église des Capucins, avec les prières, les chants et les bénédictions de l'Eglise, les 172 Habsbourg qui l'attendent et sont prêts à l'accueillir. Quant à Marie Vetsera, elle sera, sans tambour ni trompette, sans corbillard ni service funèbre, inhumée nuitamment et honteusement dans le petit cimetière du monastère d'Heiligenkreuz, proche de Mayerling. Il ne devait pas, officiellement, être produit de second cadavre.

MATER DOLOROSA

Si odieuse qu'ait pu être, en la circonstance, l'attitude de François-Joseph, il serait injuste de prétendre qu'il fut uniquement préoccupé de sauver la face et de voiler la vérité : ses cheveux blanchissent alors et son visage se ride. L'Impératrice est, comme toujours au temps de la détresse, la compagne et la consolatrice, souriante à travers ses larmes, prêchant un courage qui est prêt de lui manquer, et une résignation dont elle est elle-même bien éloignée. L'Empereur le reconnaît quand il dit au comte Paar : « Sans elle je n'aurais pu supporter ce coup ». Ils pleurent tous les deux, tous les trois plutôt, car Madame Schratt vient joindre sa peine à la leur. Les deux femmes qui se partagent le cœur de François-Joseph ne rivalisent que pour l'entourer de douceur et que pour apaiser ce mâle orgueilleux et farouche qui veut que personne ne connaisse l'étendue de sa douleur. L'Empereur a manqué d'humanité, mais l'homme ressent dans sa chair toute l'atrocité d'un drame qui aurait pu être évité. Tant que l'on ne voit pas, on ne veut pas croire encore. Tel est le thomisme de la douleur. « Ce n'est pas vrai, ce n'est pas possible » gémit Elisabeth dans les bras de Valérie. Elle verra, quand le corps de Rodolphe sera, au roulement des tambours voilés de crêpe, et dans l'appareil des grandes funérailles, ramené à la Hofburg et étendu sur le petit lit de fer où il dormait vivant. Au pied de cette couche qui évoque la frugalité des camps plutôt que le faste impérial, elle s'effondrera en sanglotant. François-Joseph lui évite l'affreux calvaire de la cérémonie funèbre. Mais quelques jours plus tard, elle va secrètement, solitairement, dire adieu à cet unique fils que son mariage avait été conclu pour procréer, pour maintenir l'Empire et perpétuer la dynastie et qui s'est tué honteux et désespéré.

La dépouille de Rodolphe exposée à la Hofburg. Le convoi funèbre. Le char mortuaire devant l'église des Capucins, nécropole des Habsbourg. La crypte, aux très anciens tombeaux.

Dans la nuit du 8 au 9 février, Elisabeth se lève sans bruit, s'habille en silence et le visage voilé se glisse sans alerter personne hors de la Hofburg endormie, hèle un fiacre et se fait conduire à l'église des Capucins. Là, après s'être fait reconnaître, elle demande au frère portier de la mener jusqu'à la crypte, ce qui lui est accordé avec l'autorisation du Prieur. Elle s'enferme seule sous la voûte chaulée qu'éclairent pauvrement deux lanternons et qui abrite aujourd'hui encore tous les Habsbourg, sauf Rodolphe, le premier, inhumé à Spire, et Charles, le dernier, oublié à Madère, et où elle reposera elle-même au terme de ses tourments au côté de ce fils qu'elle pleure. Les moines velus qui se pressent derrière la porte close et lissent leurs longues barbes pour se donner une contenance, l'entendent répéter d'une voix que le sanglot brise : « Rodolphe, Rodolphe, pourquoi as-tu fait cela ? ».

LE SANG DE WITTELSBACH

La mort violente de son fils provoque en Sissi une véritable crise de conscience. Elle fait alors des complexes, s'étouffe de scrupules. A-t-elle été vraiment la mère qu'elle aurait dû être ? N'est-elle pas trop souvent absente ? N'est-ce pas, au contraire, sa présence qui devient malfaisante pour les siens ? Elle se perd en reproches et s'exagère ses responsabilités. Ce n'est pas tout. La superstition vient doubler le remords. Sissi croit aux rencontres, aux signes, aux avertissements du Destin. Ce destin, Rodolphe ne l'avait-il pas provoqué en tuant au cours d'une chasse en Bavière un cerf à robe blanche, ou en tirant sur les dauphins de l'Adriatique, double faute qui entraîne la mort prématurée et brutale du chasseur ?

Mais ce qui la hante, c'est le sang, ce sang des Wittelsbach qu'elle lui a donné. Il est vain de vouloir convaincre une morte, mais il est douloureux de penser que cette femme, adorable malgré

A gauche, Elisabeth. "Mater Dolorosa". — Un aspect de la crypte des Habsbourg. — "Dans la nuit du 8 au 9 février, Elisabeth se lève sans bruit, s'habille en silence et, le visage voilé, se fait conduire à l'église des Capucins... Les moines l'entendent répéter d'une voix que le sanglot brise : "Rodolphe, Rodolphe, pourquoi as-tu fait cela ?"
Ci-contre, sur le tombeau d'un souverain Habsbourg, la couronne impériale surmontant... une tête de mort.

son inconséquence, est devenue le bourreau de son âme parce que son esprit était rempli d'idées fausses. Le sang des Wittelsbach était mêlé à celui des Habsbourg, bien avant le mariage de Sissi et de Franzi. L'archiduchesse Sophie, sa terrible belle-mère, était aussi une Wittelsbach et le dernier reproche qui puisse lui être fait, c'est le manque de caractère et de stabilité. Elle a épousé, elle aussi, un Habsbourg, et son fils François-Joseph, bien que durement éprouvé par la vie, n'a jamais été frôlé par des idées morbides ni tenté de fuir la chaumière enfumée. Gisèle et Marie-Valérie sont des plus normales : à aucun moment elles ne feront signe de dérèglement.

Il y a, il est vrai, Louis de Bavière et son frère Otto, morts tous les deux fous. L'Impératrice a lu le procès-verbal du docteur Widerhofer qui présente le suicide de Rodolphe comme un acte de démence. Nul ne lui a sans doute dit que le médecin avait trouvé là une astuce pour permettre les obsèques religieuses. Son fils aurait-il été comme eux ? La folie d'Otto ne laisse pas de doute. Il passera trente ans, au château de Fürstenried, enfermé dans une chambre matelassée, aboyant de jour et de nuit et refusant toute nourriture qui ne lui était pas présentée dans une écuelle. Mais Louis ? Elle s'est jusqu'alors refusée à le croire. A ses yeux, son fastueux cousin avait été la victime de bourgeois grippe-sous pour qui la prodigalité est la pire des folies et de médecins bornés qui avaient rendu leur verdict sans même l'entendre, sans consulter sa correspondance, sur le seul témoignage de larbins las d'un maître aussi capricieux et lui-même si dégoûté de voir leurs gueules qu'il les obligeait à porter un masque. Ne s'était-elle pas trompée ? Louis et Rodolphe sont morts, l'un et l'autre, en état de démence. Le rapprochement s'impose, la similitude est évidente.

C'est pourtant à tort qu'elle accuse son propre sang. Si une hérédité pèse sur Louis II et sur son frère, ce n'est pas celle des Wittelsbach. Leur mère est une Hohenzollern, la princesse Marie de Prusse, dont le frère, Frédéric-Guillaume IV, était atteint d'aliénation mentale et dont la propre mère, la princesse de Hesse Darmstadt, appartenait à une famille où des cas de folie avaient déjà été observés. Sissi bat sa coulpe sur une poitrine innocente.

"Elle est devenue la dame en noir". — "Mes ailes sont brûlées, dit-elle, et je ne désire plus que le repos". ... Cette fois, elle choisit Corfou (à gauche). "C'est ici seulement que je me plais tout à fait". Elle ajoute même : "Je crois être si bien chez moi (ici) que je ne puis m'empêcher de penser au lac de Starnberg et à Possenhofen".

CORFOU

L'impératrice ne quittera plus le deuil. Elle est devenue la dame en noir. L'horreur qu'elle avait de Vienne a tourné à la répulsion physique. Dès qu'apparaissent les premières feuilles du printemps de cette année 1889, elle va soigner ses nerfs à Wiesbaden. Marie-Valérie l'accompagne. Le rayon jaune et doux du soleil d'automne la caressera à Merano où elle fait une cure uvale. François-Joseph viendra la voir. Dans l'intervalle des deux saisons, elle enfouit sa douleur à Lainz et à Ischl. « Je suis trop vieille (elle n'a que 52 ans) et trop usée pour combattre », aimait-elle à dire. « Mes ailes sont brûlées et je ne désire plus que le repos. »

Mais la rage des voyages la reprend. Il lui faut cependant un port d'attache où pourra aborder sa nef vagabonde, un nid pour, entre deux vols, replier ses grandes ailes fatiguées. Son choix est vite fixé : Corfou. Tout l'y appelle. C'est une île, une terre fermée sur soi, défendue contre le reste du monde par son rempart liquide. Elisabeth a, un jour, un mot qui éclaire le fond de sa nature : « Chacun peut faire de soi une île ». Elle a trouvé à Corfou, lors de ses précédents séjours, ce qu'aucun autre pays, pas même Madère qui est la première île de son premier voyage, ne lui a apporté : « C'est ici seulement, confie-t-elle, que je me plais tout à fait. Ici, je pourrais renier mon principe de perpétuelle errante. La mer est comme un lac. Je crois être si bien chez moi que je ne puis m'empêcher de penser au lac de Starnberg et à Possenhofen. » Enfin, Corfou est la Skira d'Homère, île où Ulysse, que la colère de Poseïdon poursuit sans trêve et qui a fait naufrage, est salué par Nausicaa, la vierge aux beaux bras blancs. « Tu sais bien, étranger, car tu n'as pas la mine d'un méchant ni celle d'un sot, que Zeus de son Olympe répartit le bonheur aux petits comme aux grands et qu'il décide pour chacun : s'il t'a donné ces maux, il faut bien les subir. »

L'Impératrice, que le sort a si peu ménagée, pourra y méditer ces vers que Christomanos, son lecteur grec qui est épris d'elle et à qui elle autorise une fraternité poétique, est à même de lui redire sans fin : *Kzein, ctiei oute kako out'aphoni photi eoikas...*

Corfou, un boulevard le long de la mer. On le baptise "boulevard de l'Impératrice Elisabeth" et les autorités de l'île en offrent à Sissi cette aquarelle.

Elle y fait construire un palais également blanc, au fond de la baie de Benisse et le baptise l'Achilleion, du nom de son héros Achille aux pieds légers et au cœur plein d'une orgueilleuse tristesse. Elle aime se promener dans les chemins que bordent des cyprès funèbres comme des stèles ou dans les allées dont les roses, les iris, les hyacinthes qui les bordent tentent de la réconcilier avec la vie. Mais, le coin que Sissi préfère est à l'extrémité du jardin, dominant la mer, dissimulé par un taillis de lauriers, un banc de marbre semi-circulaire, où elle s'assied seule. Là, unissant le deuil de son âme à celui de sa robe, elle demeure des heures à contempler la grande plaine bleue et, au-delà, la ligne violette des montagnes d'Albanie qui se nuance d'or au soleil couchant. Les terrasses sont peuplées de statues antiques qu'elle a achetées au prince Borghèse, en même temps qu'un marbre de Canova, la Troisième Danseuse, à qui Pauline Bonaparte passe pour avoir servi de modèle.

« J'ai amené aux Muses, plaisante-t-elle, une nouvelle compagne. J'espère qu'elles l'auront bien accueillie. Apollon, tout au moins, la regarde fort tendrement. » Car cette femme si meurtrie, si hantée de souvenirs tristes, si déçue par la vie, sait encore être gaie. Elle sait aussi manier l'ironie et ses réparties, sans jamais être méchantes, la montrent capable, à l'occasion, de remettre les choses au point et les gens en place.

A NOUVEAU LES DEMONS

Cependant, ni la beauté du site, ni les évocations homériques, ni la splendeur du palais qu'elle a fait construire, ni cette campagne corfiote qui fleure le citron, l'amande et le miel, ni même le souvenir du premier accueil « quand les arbres avaient revêtu leur robe de mariage dans un prodigieux printemps » ne parviennent à retenir longtemps cette femme lasse déjà d'avoir accompli son vœu et désenchantée au point de prétendre que nos rêves sont toujours plus beaux quand nous ne les réalisons pas. Elle vend l'Achilleion dont Guillaume II deviendra par la suite le propriétaire. Ses voyages reprennent, rapides, coupés de brefs séjours à Ischl ou à Gödöllö. C'est la mer, la mer toujours recommencée qui l'appelle. Le « Miramar » la conduit des roseaux du Nil aux bruyères de l'Ecosse, des myrtes de l'Alhambra aux tulipes de Harlem. Elle médite sur les ruines de Carthage, va évoquer Byron à Missolonghi. En vérité rien ne l'attire, rien ne peut la contenter. Elle est à la fois, saturée ct insatisfaite. Les meurtrissures de la vie ont fait éclater les contradictions de sa nature ; sur sa perpétuelle mouvance pèse l'équivoque fondamentale de son choix.

"Sissi fait construire à Corfou un palais blanc, au fond d'une baie et le baptise l'*Achilleion*". Divers aspects et le site de celui-ci.

Le lit d'Elisabeth à l'*Achilleion*. A droite : son train spécial, la chambre et le salon du convoi. "Ses voyages répétés ressemblent plus à une fuite qu'à une quête". Elle vendra l'*Achilleion*, dont Guillaume II deviendra par la suite le propriétaire.

Elisabeth, on ne le dira jamais trop, a le goût profond de ce qui est pur, simple, dépouillé d'artifice. Mais elle n'opte pas entre l'acceptation ou le refus de la condition impériale. Elle fuit les honneurs mais conserve le luxe ; elle dédaigne le pouvoir, mais conserve la richesse. Il lui faut, chez elle, un décor coûteux. La solitude qu'elle aime consiste à fuir toute obligation pour ne s'entourer que de serviteurs ou d'officieux qui dépendent d'elle et qu'elle peut ignorer tout à l'aise quand il lui convient de fermer sa porte, pour la réouvrir quand elle a besoin d'eux. Ce n'est pas plus celle du cloître que son île ne ressemble à celle de Robinson. La liberté qu'elle chérit n'est que l'oubli des servitudes matérielles dont d'autres se chargent pour elle, que la souveraineté d'un caprice devant lequel tout cède et auquel chacun se plie.

Ses voyages répétés ressemblent plus à une fuite qu'à une quête. Que pourrait-elle découvrir dans un monde où tout est, en définitive, semblable, quand elle voit, tout, à travers des mêmes états d'âme ! Bien plus qu'à un globe-trotter qui, par curiosité, désœuvrement ou snobisme, cherche la nouveauté des sites des villes, des hôtels, des musées, des spectacles, elle ressemble à un fiévreux qui se retourne dans son lit : il voit bien qu'en changeant de position il ne sera pas mieux, mais il goûte, un bref instant, l'illusion d'un soulagement. Sissi revient d'ailleurs toujours au même endroit, car, si elle le parcourt en tous sens, l'aire de son vol se limite à la Méditerranée et aux pays de l'Europe atlantique. C'est là seulement qu'on peut, alors, trouver une hôtellerie organisée, des communications faciles et une sécurité apparamment suffisante. La voyageuse n'ira ni en Russie, ni en Inde, ni en Chine, ni dans le Nouveau Monde. Elle éprouvera pour la Tasmanie, la dernière des grandes îles du Sud sur la route du pôle dont les Anglais affirment qu'elle est très belle, ce « Sehnsucht », mélange de désir ardent et de douloureuse impatience, qui habite l'âme germanique, mais elle devra renoncer à entreprendre une aussi lointaine expédition. Notre siècle l'aurait vu parcourir la planète entière ; l'astronautique l'aurait peut-être tentée au prochain.

Chose à première vue étrange, l'Impératrice qui, on le sait, a la phobie de tout ce qui porte la marque officielle et redoute les manifestations organisées, réglées, mécanisées, aime à se perdre dans la foule anonyme. Contradiction toute apparente, car ignorant, ignorée, on se sent aussi perdu dans la cohue que sur la mer immense ou au cœur d'un pays désert. Elle se complaît dans l'incognito, un incognito assez relatif car la gent journalistique qu'aucune audace n'arrête est à l'affût de ses déplacements. En même temps que son ombrelle blanche qui protège sa paleur du soleil, elle tient en permanence à la main un éventail noir qui s'ouvre brusquement dès qu'elle aperçoit l'appareil d'un photographe. François-Joseph la fait suivre à son insu, non pour surveiller sa femme, ni même pour la protéger, mais pour lui éviter les suites des petits incidents que peuvent provoquer ce que chez une autre on appellerait du sans-gêne. Elle entre partout, pousse

Deux lieux où, d
sormais, Sissi s'arr
te volontiers : Ter
tet, en Suisse, do
le fameux châte
de Chillon (à ga
che) est l'ornemen
l'été, et Cap Marti
sur la Côte d'Az
(à droite; peintu
d'époque), l'hiv

une porte pour admirer le dessin d'un jardin ou le détail d'une sculpture, ce qui provoque parfois une vive réaction de la part des propriétaires. Sissi n'a cure des passages interdits ou des entrées réservées. C'est bien, au contraire, ce qui la tente, si quelque chose peut la tenter.

QUELQUES JALONS

Dans ce continuel cheminement dont les stations sont les ports, les villes d'eau, les châteaux historiques et les villas en montagne, certaines étapes méritent d'être plus spécialement retenues, car, comme si elle y trouvait un certain répit, l'errante Sissi s'y arrête plus longtemps ou y revient plus souvent : Cap Martin sur la Côte d'Azur, l'hiver ; Territet en Suisse, sur le Léman, l'été.

A Cap Martin où elle se rend plusieurs années de suite, l'Impératrice Elisabeth retrouve l'ex-impératrice Eugénie qu'elle avait rencontrée pour la première fois en 1867, au château de Helbrunn, près de Salzbourg. Napoléon III, conscient de ses responsabilités dans la malheureuse aventure mexicaine, s'apercevant peut-être déjà de l'erreur qu'il a commise en aidant le Piémont et en laissant la Prusse amoindrir la puissance de l'Autriche, a demandé à voir François-Joseph. Les deux souveraines avaient alors rivalisé de beauté, Elisabeth, plus jeune, plus svelte ; Eugénie, plus noble et un peu empâtée déjà, car elle ignore la gymnastique en chambre, la douche froide

A Cap Martin, elle retrouve l'Impératrice Eugénie, épouse de Napoléon III (ci-contre).
... et toujours on la voit en la compagnie d'un chien (ci-dessous).

et la table à masser. Depuis lors, elles ont connu le même malheur : perdre un fils. Elles ont aussi, en commun, cette autre chose qui est le signe des grandes âmes : la dignité dans l'épreuve. Au demeurant, Eugénie connaît une sérénité, une stabilité ignorées d'Elisabeth. Mais leurs goûts les rapprochent, les voyages, la mer et leurs villas sont voisines. Peut-être la très féminine Sissi, devant cette aînée vieillie qu'elle éclipse désormais de son éternelle jeunesse, éprouve-t-elle le secret plaisir d'être assurément la plus belle...

A Territet, où elle débarque pour la première fois en 1893, Elisabeth descend à l'Hôtel des Alpes sous le nom de comtesse de Hohenembs. Elle a accepté que l'Empereur vint la rejoindre. Sans doute a-t-elle donné à son mari une remplaçante et une compagne. Son choix a été heureux et François-Joseph l'est aussi. Pour sauver les apparences, Catherine Schratt a épousé un petit fonctionnaire hongrois, de Kiss. Mais, son impérial ami n'en continue pas moins à lui rendre visite, à se promener avec elle, à l'associer à sa vie. Sissi ne serait pas aussi femme qu'elle l'est si

'En Suisse, elle se fait appeler comtesse de Hohenembs". — Les harmes du Léman. — Dans la rue, à Territet. L'Empereur vient a rejoindre et touchantes sont la peinture et la photo de droite.

La Comtesse de Hohenembs

La duchesse Ludovika s'en vient aussi auprès de sa fille; elle mourra dans quelques mois. A droite, une gravure populaire montre que le bon peuple viennois est toujours aussi attaché à ses souverains. François-Joseph envoie à son épouse des télégrammes comme celui qu'on peut lire à droite et un portrait de Sissi jeune, aux merveilleux cheveux, orne son cabinet de travail de la Hofburg. Passe-t-elle enfin à Vienne, elle préside la table familiale.

elle ne ressentait quelque humeur d'avoir si bien réussi. Un jour, dans un mouvement d'agacement, et peut-être, un peu, aussi de détresse, elle confiera à sa chère Marie-Valérie : « Pourquoi donc suis-je née ? A quoi sert ma vie ? Je suis devenue un obstacle entre l'Empereur et Madame Schratt. » Elle n'en sera pas moins ravie de lui arracher pendant quelques semaines un mari qui n'a d'ailleurs pas cessé de l'aimer.

La vie de François-Joseph sur les bords du Léman ne diffère pas absolument de celle qu'il mène à la Hofburg. Ce grand travailleur continue à diriger l'Empire et, chaque jour, un courrier part pour Vienne et un autre en arrive. Mais Sissi et lui sortent ensemble, font des achats dans les magasins, des promenades le long du lac, des excursions en montagne. Chacun peut voir passer le couple impérial, lui, en melon, veste de voyage, une badine à la main, elle, en robe noire aussi courte que la mode l'autorise, comme deux retraités qui profitent enfin de la vie. Comme les Viennois les auraient aimés si S.M. le Protocole n'avait dressé, entre le peuple et eux, cette barrière qui les statufie vivants. Dans cette paix, l'un trouve un demi-repos, l'autre un moment de répit. Ils regardent, côte à côte, le lac se nuancer selon l'heure du jour et la montagne s'enflammer quand le soleil se retire. Pourtant les soucis ne manquent pas à l'Empereur. Il a dû se séparer de Taaffe, des troubles ont éclaté à Prague, les socialistes entrent en scène à Vienne.

Quand elle quitte le Léman, Sissi retrouve Possenhofen et ses souvenirs d'enfance, puis retourne à Wiesbaden et à Karlsbad faire des cures qui ne lui apportent aucune amélioration notable de santé bien qu'elle prenne régulièrement des bains de vapeur de souffre, ou d'eau glacée. Des événements familiaux, heureux cette fois, ou qui tout au moins devraient l'être, viennent, au cours de ces années, interrompre d'une note vive la monotone et triste chanson. Marie-Valérie épouse, le 31 juillet 1890, l'archiduc François-Salvador. Sissi, déjà grand-mère depuis la naissance en 1874 du premier enfant de Gisèle, l'est une deuxième fois le 27 janvier 1892 quand une fille, Elisabeth, « Ella », naît au foyer de Marie-Valérie. La princesse Augusta, fille de Gisèle, met au monde un enfant le 4 janvier 1895. Voilà Sissi arrière-grand-mère, une arrière-grand-mère de 57 ans, étonnamment conservée grâce à son régime de jockey, ses marches forcées, ses soins continus, ses cures répétées, à moins que ce ne soit, en dépit de tout cela, car elle s'y épuise et à ce rythme, fait crisser dangereusement et aigrement ses nerfs.

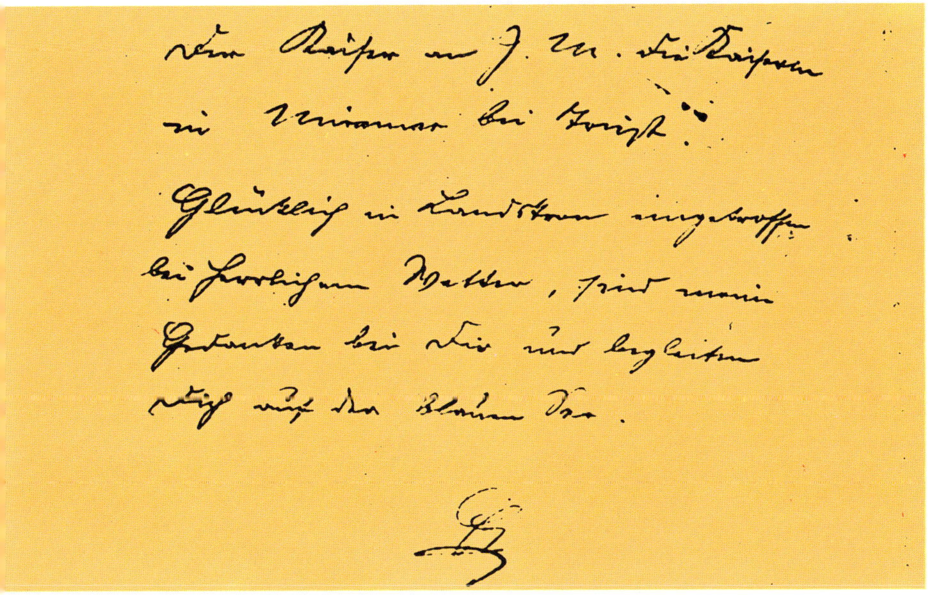

Der Kaiser an J. M. die Kaiserin
in Miramar bei Triest:

Glücklich in Landskron eingetroffen
bei herrlichem Wetter, sind meine
Gedanken bei Dir und begleiten
Dich auf der blauen See.

Sissi ne négligera jamais ses devoirs les plus officiels. Elle accompagne François-Joseph à Paris (à gauche, alors qu'il viennent d'être installés au Palais de l'Elysée), à Budapest (pour la célébration du Millénaire de la Hongrie); elle est présente au dîner d'apparat offert à la Hofburg en l'honneur du Kaiser Guillaume II (ci-contre).

DERNIER AIR OFFICIEL

Les apparitions de l'Impératrice dans l'Empire sont, on le sait, rares depuis la mort de Rodolphe et quand elle vient à Vienne, elle descend à la Villa Hermès et non à la Hofburg. Elle n'en sort que pour assister à des cérémonies funèbres, faire un pèlerinage à Mayerling où un Carmel a été installé à la place du bâtiment détruit, suivre les obsèques d'Andrassy, « son dernier et unique ami ». Elle a bien aussi, en novembre 1892, présidé à Vienne un grand dîner offert en l'honneur du Prince héritier de Russie, le futur Nicolas II. Mais sa grande quoique fugitive rentrée, c'est en Hongrie qu'elle la fera.

En juin 1896, la Hongrie célèbre son millénaire en même temps que l'anniversaire du couronnement de François-Joseph et d'« Erzebeth » avec le même décorum médiéval. Toutes les villes et tous les comitats ont envoyé une délégation que précède la traditionnelle bannière armoriée. Le défilé est long et magnifique ; tout s'accorde et s'harmonise : beauté racée des montures, prestance des cavaliers, éclat des tenues brodées, des armes ciselées, fourrures et harnais. La couronne de Saint Etienne reposant sur un coussin de velours rouge est portée dans un carrosse que tirent huit pur-sang à robe blanche. C'est la réplique des cérémonies de 1867. Un tel rappel ne peut qu'être douloureux au cœur d'Elisabeth qui avait d'abord refusé de venir, mais qui a cédé aux supplications. Lors de l'inauguration du monument de Marie-Thérèse, devant lequel elle passe, Rodolphe était à son côté... Cependant, les cris qui retentissent, la vénération qui se lit dans tous les yeux, l'admiration qui s'exprime dans tous les gestes, l'enthousiasme d'un peuple qui n'a pas oublié, qui lui rend ce qu'elle lui a donné, lui fait, un instant, écarter son chagrin et dominer son horreur du cérémonial. Elle est la reine, authentiquement la reine de cette nation hongroise qui repousse la violence et méprise la flatterie. Alors que les chants retentissent, que les discours officiels se déchaînent et s'enchaînent, que des ovations se répètent, elle se tient toute droite, le visage blanc d'émotion, serrée dans sa robe de jais, les cheveux dissimulés sous un voile de deuil, le cou orné d'un collier de perles noires ; elle apparaît comme la victime expitatoire offerte à la foule en liesse et aux dieux altérés de la Cité. La fête terminée, la reine de Hongrie dira à son époux : « Il me semble avoir mille ans, moi aussi ».

Compréhensif, François-Joseph a acheté pour Sissi la villa Hermès, à la lisière de Vienne, pour en faire sa demeure dans la capitale : on en voit ici le pavillon central, l'ensemble (selon une gravure d'époque), une fontaine, un portique d'allée, les décorations murales de la chambre et le lit de l'Impératrice.

LA DUCHESSE D'ALENCON

L'année suivante, un nouveau et brutal coup du sort la viendra frapper. Le 6 mai 1897, alors qu'elle se trouve à Lainz, Elisabeth apprend que, la veille, sa sœur Sophie est morte brûlée vive, à Paris, dans l'incendie du Bazar de la Charité, victime d'une invention toute récente, mais appelée à un grand avenir, et qu'expérimentent alors les Louis Lumière et les Georges Méliès : le cinématographe. Sophie, ses fiançailles rompues avec Louis de Bavière, a épousé le duc d'Alençon, prince français, petit-fils de Louis-Philippe. Le Bazar de la Charité est l'une de ces ventes mondaines dont le produit est destiné aux pauvres mais dont les comptoirs sont tenus par les dames de la Société. Le clou de la manifestation est une projection de « Photographies animées, la plus merveilleuse découverte du siècle, donnant l'illusion de la réalité ». Soudain, une pellicule en celluloïd prend feu. C'est dans la fumée et l'affollement, la ruée sur les portes rares, étroites, qui s'ouvrent en dedans et que l'on a, par comble d'imprudence, doublées de tambours pour éviter les courants d'air. Les boiseries et les tentures s'enflamment. Les gens sont transformés en torches vivantes. Peu peuvent échapper à ce supplice qui réduit en tas de cendres les plus grands noms de l'Armorial. Ce qui reste de Sophie est identifié au milieu de chairs calcinées grâce à ses bijoux et à ses dents.

Malgré l'habitude qu'elle a de la souffrance, cette nouvelle accable Sissi et la laisse désespérée. C'est une ronde sanglante qui tourne autour de son front : son fils Rodolphe s'est suicidé ; son beau-frère Maximilien est tombé sous les balles d'un peloton d'exécution ; sa belle-sœur Charlotte est devenue folle de douleur ; son cousin Louis II s'est noyé dans les eaux du lac de Starnberg ; son beau-frère, le comte Trani s'est misérablement tué, à Zurich, dans une chambre d'hôtel ; son cousin Jean de Toscane s'est perdu en mer ; sa nièce, l'archiduchesse Mathilde est morte aussi brûlée vive, et c'est maintenant sa propre sœur qui subit le même sort ! Le Destin s'acharne sur les siens, le crime, le suicide, la démence viennent errer autour de sa famille comme les Furies d'Hellas aux portes du Palais de Mycènes. A qui le tour maintenant ? Il n'y a plus qu'elle, c'est vers elle que se tendent ces mains osseuses qui l'invitent à prendre place dans leur cercle macabre, c'est à elle que sourient lamentables, ces masques décharnés. Comment ne pas évoquer à son propos les paroles que Sophocle met dans la bouche d'Antigone lorsqu'elle s'adresse à sa sœur Ismène : « Depuis lontemps je suis morte à la vie, et ne peux plus servir que les morts. »

Nouveau coup du destin : Sophie, sœur de Sissi, — l'ancienne fiancée du roi Louis II, qui a épousé le duc d'Alençon, petit-fils du roi de France Louis-Philippe (on les voit ci-contre) — meurt brûlée vive dans l'incendie d'un local abritant une vente de bienfaisance, d'où son nom de *Bazar de la Charité*.

L'Empereur accom-pagne Sissi à la gar… ... La photo de dro-te a été prise que-ques mois avant la mort de l'Impéra-trice.

L'IDÉE DU DESTIN

Dès lors, l'idée du Destin n'abandonne plus Elisabeth dont l'esprit nourrit des pensées funèbres. Elle est convaincue qu'elle mourra, elle aussi, de mort violente. Elle a rayé les mots d'espoir et de joie de son langage. A ces tortures morales, s'ajoutent les maux physiques : troubles circulatoires qui lui gonflent les mains, ces belles mains longues, fines, presque diaphanes ; inflammation des nerfs ; dilatation du cœur. Son teint se fane, ses traits s'accusent, son écriture se déforme. Après un séjour à Biarritz, en fin de saison, elle passe à Paris le début de l'hiver 1897-1898 avec ses deux sœurs, Marie, l'ex-reine de Naples, et Mathilde, la veuve du comte Trani. Elle y fête Noël et son soixantième anniversaire, puis s'envole pour San Remo dont elle se lasse vite. Le 1er mars, elle est à Territet, le mois suivant à Kissingen, où, bien qu'elle ne croie plus guère à la médecine et que les charlatans l'aient déçue, elle attend d'une cure thermale le soulagement de ses nerfs. François-Joseph, qui l'y retrouve quelques jours, est effrayé par les signes trop visibles de sa mauvaise santé. Mais le couple que la mort va bientôt dénouer, trouve à cette heure, une harmonie jusqu'alors refusée. Il semble qu'Elisabeth veuille oublier ses griefs et faire taire sa rancœur, car elle a besoin d'apaisement et cherche une illusion de paix. Elle tente de prolonger ce temps de grâce, mais l'Empereur doit regagner Vienne. Elle va alors s'installer à Ischl où François-Joseph la rejoint chaque samedi pour le « week-end ». C'est dans cette petit station alpestre, lieu de leur première rencontre, que ces deux époux, que la vie n'a pas réussi à durablement unir, se verront pour la dernière fois, le 16 juillet 1898. Car Elisabeth part pour les bains de Nauheim puis revient à Territet où, le 30 août, elle s'installe au Grand Hôtel de Caux, sur une côte d'où l'on domine le plan d'eau du lac qui mire, le jour, dans la splendeur persistante de l'été, un ciel sans couture et la nuit, laisse traîner comme une écharpe oubliée, le flot d'un blanc laiteux que lui verse la lune.

PREMONITIONS

Sissi à débarqué à Caux accompagnée du général de Berzeviczy, de la comtesse Staray, de Barker son nouveau lecteur grec et d'une suite réduite de dames d'honneur et de domestiques portant l'habituelle livrée noire. La nuit même de son arrivée, alors qu'elle goûte à son balcon la fraîcheur retombée, le regard perdu dans l'ombre, elle croit percevoir une forme claire, transparente, fantomatique qui la regarde fixement et s'évapore aussitôt. Il s'agit, le doute n'est pas pos-

sible, de la Dame Blanche qui vient annoncer un autre malheur. Quel malheur pourrait encore la frapper, elle qui a perdu tous les êtres chers ? C'est elle que la mort viendra prendre bientôt. Dans les moments tragiques de l'histoire des Habsbourg, la messagerie funèbre a présenté son pli : en 1621, à la veille de la guerre de trente ans ; en 1740, à la mort de l'Empereur Charles VI, quand les Habsbourg furent sur le point de perdre l'Empire ; en 1809, Wagram ; en 1866, Sadowa. Une semaine plus tard, alors qu'elle pèle une pêche, un corbeau, frôlant en volant la main de la souveraine, fait tomber le fruit. Nouvel avertissement, même prémonition ? « Je n'ai pas peur, je suis fataliste, dit Elisabeth, il n'arrivera que ce qui doit arriver. » Ce qui devait, ou ne devait pas arriver, arrivera deux jours après.

Que pense-t-elle de la mort ? Elle l'a dit à Marie-Valérie : « Je désire la mort, je ne la crains pas, car je ne puis croire qu'il existe une Puissance assez cruelle pour ajouter aux souffrances de cette vie et continuer à tourmenter l'âme lorsque celle-ci a quitté le corps. » Pourrait-elle refuser cette grâce suprême qui abrégera sa douleur en l'achevant elle-même ? Que peut encore lui réserver la vie : des misères physiques et des tortures morales, la déchéance de la vieillesse, le délabrement progressif de cette beauté dont elle prit tant de soin. C'est le repos que sa détresse cherche, seulement le repos. Elle n'attend ni ne souhaite rien de plus. Tout juste, dit-elle encore à Marie-Valérie, une ouverture ménagée au-dessus de son tombeau pour apercevoir un peu de soleil et un peu de verdure et entendre au printemps le gazouillis des oiseaux. Cependant, le propos qu'elle tient, la veille même de son assassinat, à la comtesse Staray, est moins poétique et laisse percer une pointe d'effroi. Comme sa dame d'honneur soutient que l'au-delà apporte la félicité et la paix, l'Impératrice réplique : « D'où tenez-vous cela ; personne n'en est jamais revenu ? » Sissi sentait-elle sa fin si proche ?

UN INCONNU S'AVANCE

La baronne de Rotschild a invité l'Impératrice à déjeuner dans sa propriété de Pregny, à côté de Genève. Elle est très fière des collections de tapisseries et de porcelaines rares que les profits de la banque lui ont permis de rassembler et de sa serre où elle cultive d'admirables orchidées du Brésil. Elle propose à son invitée de l'envoyer prendre par son bateau. Refus. La raison en est que Madame de Rotschild interdit à son personnel d'accepter des pourboires. Cette règle paraît abusive à Elisabeth qui a toujours une pièce d'or à la main. Elle prendra comme tout le monde le vapeur de la compagnie de navigation. Sissi mourra de cette délicate attention domestique.

Le 9 septembre, par un temps clair et chaud, l'Impératrice emprunte le bateau qui suit la côte suisse sur toute sa longueur en égrenant les villages qui la bordent, coquets, fleuris de géraniums, de capucines et de zannis, avec, chacun, son embarcadère, ses mouettes et sa flotille de barques. Les châteaux doublent les ports. Si elle laisse derrière elle Chillon et le cachot d'un Bonnivard devenu byronien à titre posthume, la démocratique passagère voit défiler Morges que dessina Vauban, Nyon, Prangins qui évoque les Bonaparte, Coppet qui abrita Madame de Staël, leur ennemie. Une voiture la conduit de Genève à Pregny.

Le lendemain 10 septembre, Elisabeth qui est descendue à l'hôtel Beaurivage et qui a occupé sa matinée à faire des emplettes et à déguster ces glaces dont elle fait grande consommation, se dirige, aux environs d'une heure et demie de l'après-midi, vers l'embarcadère pour retourner à Caux. Elle suit, en compagnie de Madame de Staray, le quai du Mont Blanc dont elle admire les marronniers. Au moment où retentit la cloche du départ, alors que les deux femmes pressent un peu le pas, un inconnu qui s'avance en sens inverse frappe Elisabeth d'un coup violent à la poitrine et s'enfuit. Elle se demande ce que cet homme pouvait lui vouloir, sans doute lui voler sa montre. Elle continue de marcher, mais à peine a-t-elle franchi la passerelle qu'elle s'affaisse sur

Le Léman, au pied du Mont Blanc, et Genève, tels que les connut Sissi. Celle-ci est invitée dans les environs, à Prégny, chez la baronne de Rotschild et le menu de leur déjeuner a été conservé. L'Impératrice est descendue à l'Hôtel Beau-Rivage.

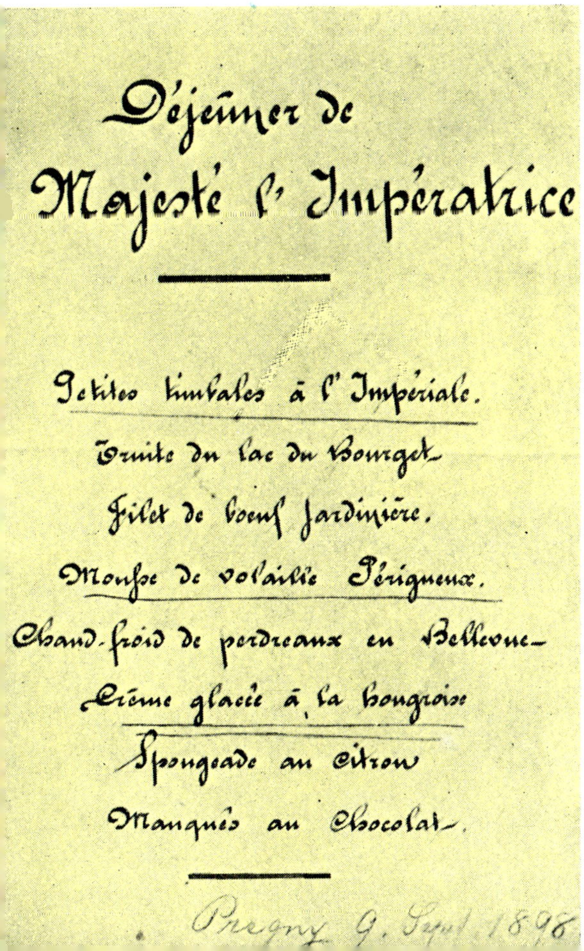

Déjeuner de
Majesté l'Impératrice

Petites timbales à l'Impériale.
Truite du lac du Bourget
Filet de boeuf jardinière.
Mousse de volaille Périgueux.
Chaud-froid de perdreaux en Bellevue
Crème glacée à la hongroise
Spongeade au citron
Manqués au Chocolat

Pregny 9. Sept 1898

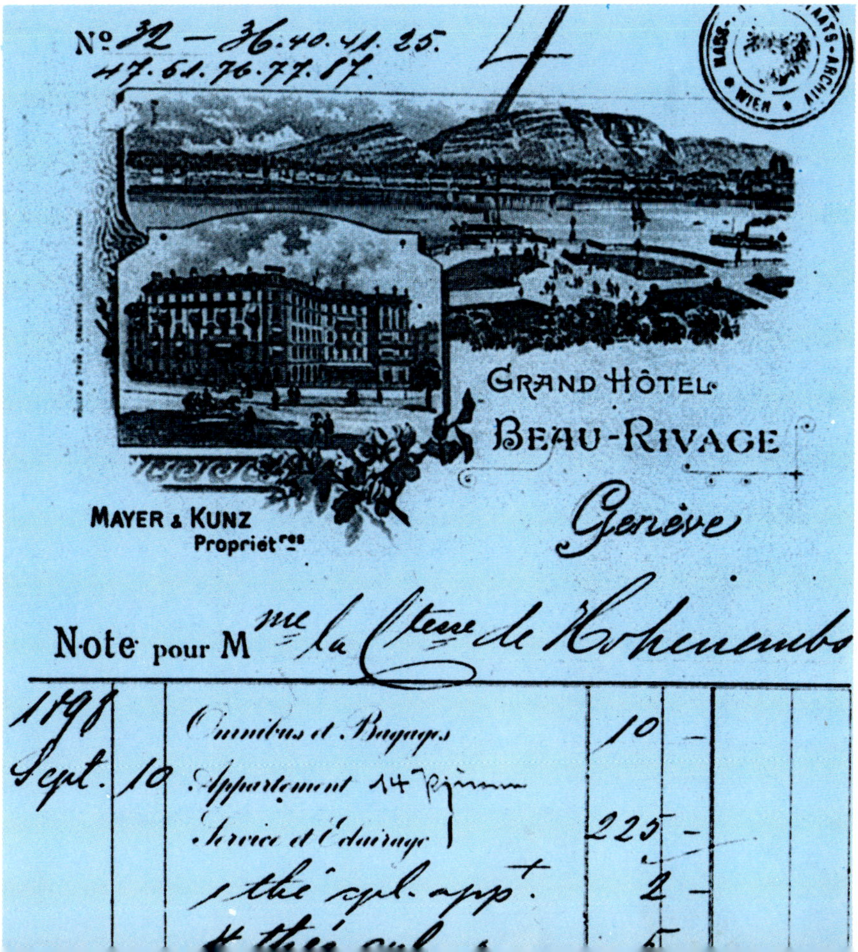

No 32 — 36.40.41.25.
47.61.76.77.87.

4

GRAND HÔTEL
BEAU-RIVAGE
Genève

MAYER & KUNZ
Propriétres

Note pour Mme la Ctesse de Hohenembs

1898		Omnibus et Bagages	10	–
Sept.	10	Appartement 14 pièces		
		Service et Éclairage	225	–
		1 thé suppl. appt.	2	
		4 thés suppl.	5	

le pont du bateau et perd connaissance. En la délaçant, Madame de Staray aperçoit une tache de sang : l'Impératrice d'Autriche a reçu trois pouces d'une lame triangulaire dans le cœur. Ramenée à l'hôtel, elle expire en y arrivant.

L'assassin a, tout de suite, été arrêté, par deux passants qui l'ont pris en chasse. C'est un sujet italien, Luigi Luccheni, un maçon venu travailler aux chantiers de Lausanne où l'on construit la grande Poste. Il se déclare anarchiste, et ajoute qu'il a agi seul ; ce deuxième point s'avérera être faux. Les idées anarchistes répandues dans la dernière décade du dernier siècle par Kropotkine, un prince, et Bakounine, un comte, russes tous les deux, avaient gagné des adeptes dans le prolétariat méditerranéen. La doctrine refusait toute autorité comme oppressive, tenait toute obéissance pour une abdication, toute propriété pour un vol, tout engagement pour une chaîne. Elle prêchait la propagande par le fait et l'action directe, mettait le crime au service de la Révolution. Les victimes désignées de cette justice prétendues et sommaire sont les heureux de ce monde, les puissants de la terre, et au premier chef ceux qui incarnent l'Etat détesté, quelle qu'en soit la forme, car il est « l'ostentation et l'infatuation de la force ». L'assassinat, le 24 juin 1894, du président Carnot, qui tombe sous le poignard de Caserio, ceux de Stamboulov l'année suivante et de Canovas, en 1897, sont l'illustration de cette philosophie.

"... Un inconnu q s'avance en sens i verse frappe Elis beth d'un coup vi lent à la poitrine

LYON

RÉPUBLICAIN

Supplément Illustré

HUIT Pages : CINQ centimes.

ABONNEMENTS

	SIX MOIS	UN AN
France, Algérie, Tunisie..	2f »	3f50
Étranger (Union postale)....	2 50	5 »

ANNONCES

Pour la Publicité, s'adresser :

A Lyon : Rue Childebert.

A Paris : Place de la Bourse.

1re Année. N° 33. Dimanche 25 Septembre 1898. ADMINISTRATION : 6, rue Childebert. *Paraît chaque semaine.*

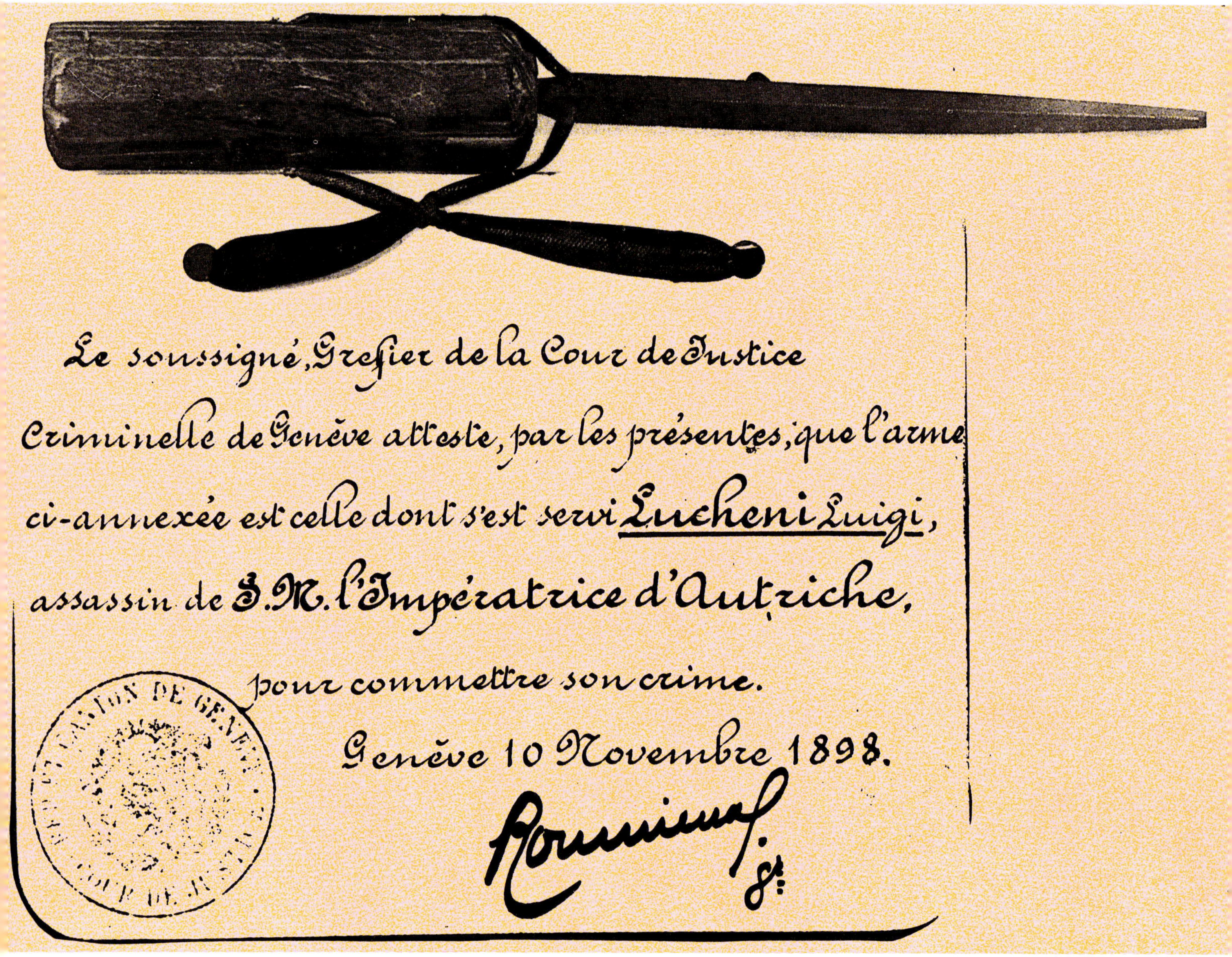

Le soussigné, Grefier de la Cour de Justice
Criminelle de Genève atteste, par les présentes, que l'arme
ci-annexée est celle dont s'est servi Lucheni Luigi,
assassin de S.M. l'Impératrice d'Autriche,
pour commettre son crime.
Genève 10 Novembre 1898.

Il n'y a chez Luccheni aucune haine personnelle contre Elisabeth. Il serait vain de chercher dans le cœur de cet Italien une révolte contre l'Autriche qui opprima si longtemps sa patrie. Son meurtre est abstrait. Il voulait tuer un monarque, peu lui importait lequel. Cet illuminé est aveugle. S'il ne manifeste aucun regret, il dira au contraire sa joie d'avoir réussi quand il saura que sa victime est morte, il se montre très loquace sur la préparation de l'attentat. Trop pauvre pour acheter un couteau, il a enfoncé une lime dans un manche de bois. Guettant l'Impératrice dont il avait appris la présence à Genève, il avait vu les domestiques porter les bagages et en avait justement conclu que celle-ci prendrait le bateau de 13 heures 40. Il n'aura aucun souci d'apprendre qu'il a stupidement tué une femme gracieuse et bonne, compatissante aux proscrits, charitable aux malheureux et bienveillante aux humbles. Anarchiste ? Elle l'était peut-être plus que lui. Par contre, cet enfant trouvé, élevé à l'orphelinat, ce caporal rétrogradé parce qu'il a volé, ce fanatique qui s'est cru une mission, ce dégradé qui comparait sa situation à celle du capitaine Dreyfus, ne révélera pas que, le 5 septembre, s'est tenue à Thonon une réunion anarchiste au cours de laquelle la mort de l'Impératrice a été décidée. Condamné à la réclusion perpétuelle, puisque le canton de Genève a aboli la peine de mort, Luccheni s'exécutera lui-même en se pendant dans sa cellule quelques années plus tard.

2°) Lo prego pure di contraddire quei tali che volessero onorarsi col voler che che il Luccheni avesse fatto questo per miseria. Sarebbe assolutamente falso.

Finisco col dichiararLi che, se con le buone la classe dirigente non cercherà di frenare la sua ingordiggia, col succhiar sangue al suo medesimo, i giusti colpi del sottoscritto, dovranno succedersi a brevissimi intervalli non solo, alle Maestà, Presidenti o Ministri, a chiunque cercherà di sottoporre il suo simile per piacere sua

Non è distante il giorno che i veri umanitari cancelleranno tutte le attuale scritte, una sola sarà più che sufficiente e sarà questa.

CHI NON LAVORA NON MANGIA

Suo Obbligatissimo
Luigi Luccheni
Anarchico convintissimo

A gauche, l'arme du crime. Ci-dessus, l'assassin, apparemment fort content de lui, après son arrestation. Page d'une "justification" rédigée de sa main. Et une copie du Registre des décès de la commune de Genève.

CONFÉDÉRATION SUISSE

République et Canton de Genève

ARRONDISSEMENT DE L'ÉTAT CIVIL DE LA COMMUNE DE GENÈVE

EXTRAIT DU REGISTRE DES DÉCÈS

(EXTRAIT MORTUAIRE)

Vol. 1898.A N° 359.

Le Samedi dix Septembre mil huit cent quatre vingt dix-huit,
à deux heures minutes du Soir est décédée
à Genève, Rue Adhémar Fabri N° 2, Hôtel Beau Rivage,
Elisabeth Amélie Eugénie Impératrice d'Autriche et Reine de Hongrie,*
Profession fille de Maximilien de Bavière
et de Louise Princesse de Bavière,
(Etat Civil): Mariée à François Joseph Empereur d'Autriche et Roi de Hongrie,
de Autriche domiciliée à Vienne (Autriche)
née le vingt quatre Décembre mil huit cent trente sept à Munich.

Pour extrait conforme,

Genève, le 13 Avril 1899.

pour L'Officier de l'Etat Civil,
Le Secrétaire délégué,

* née Duchesse de Bavière
(Renvoi approuvé)

(marge:) Elisabeth Amélie Eugénie Impératrice d'Autriche Reine de Hongrie née Duchesse de Bavière

H Panchaud Secrétaire de l'état Civil de Genève
13 Avril 1899

N° d'office.

VILLE DE GENÈVE — ÉTAT CIVIL

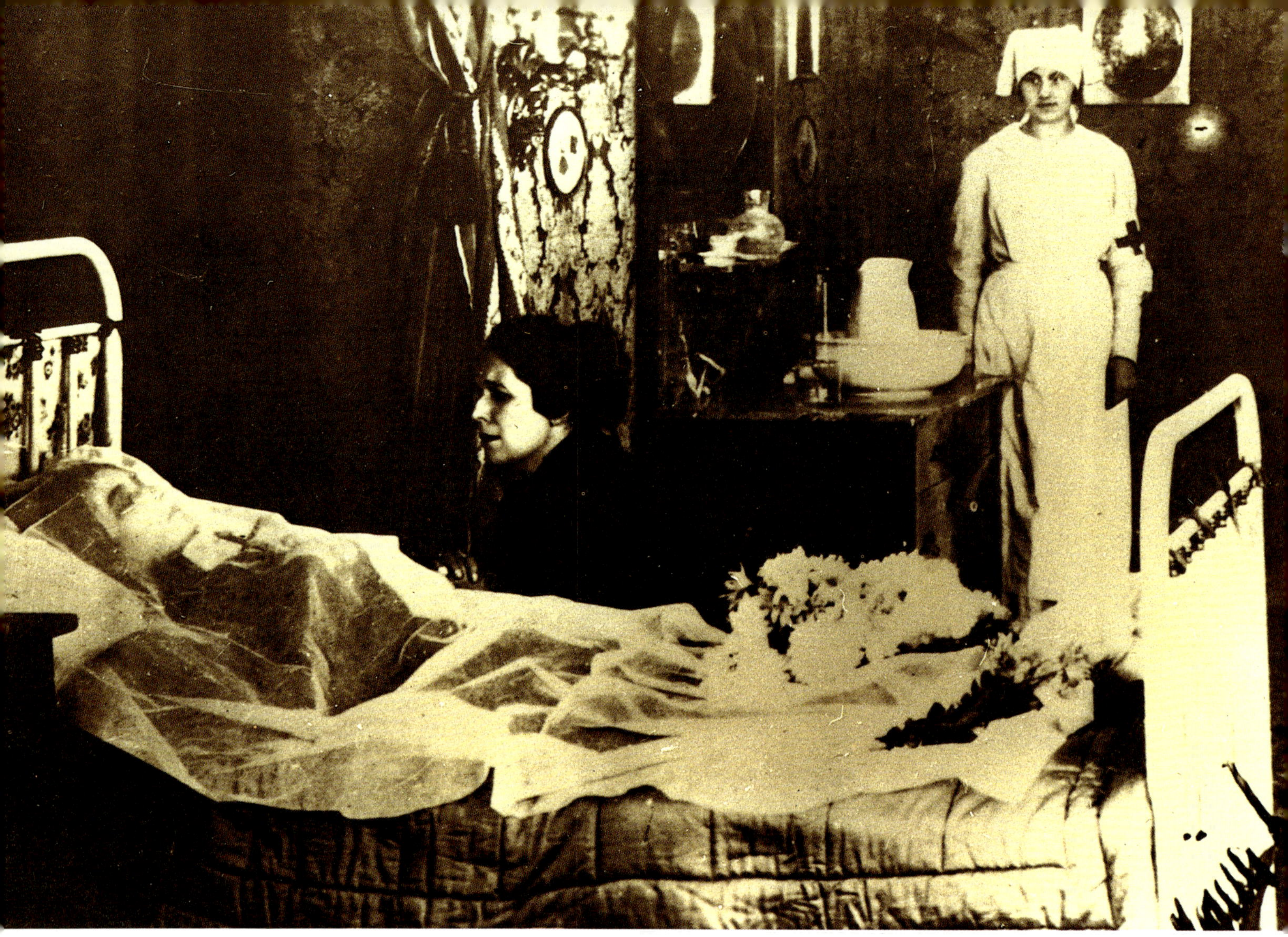

"Sissi est morte seule, comme elle l'avait désiré".
Le gant qu'elle tenait à la main, au moment du crime.
A droite : diverses autres reliques, conservées de nos jours encore à l'Hôtel Beau-Rivage de Genève.

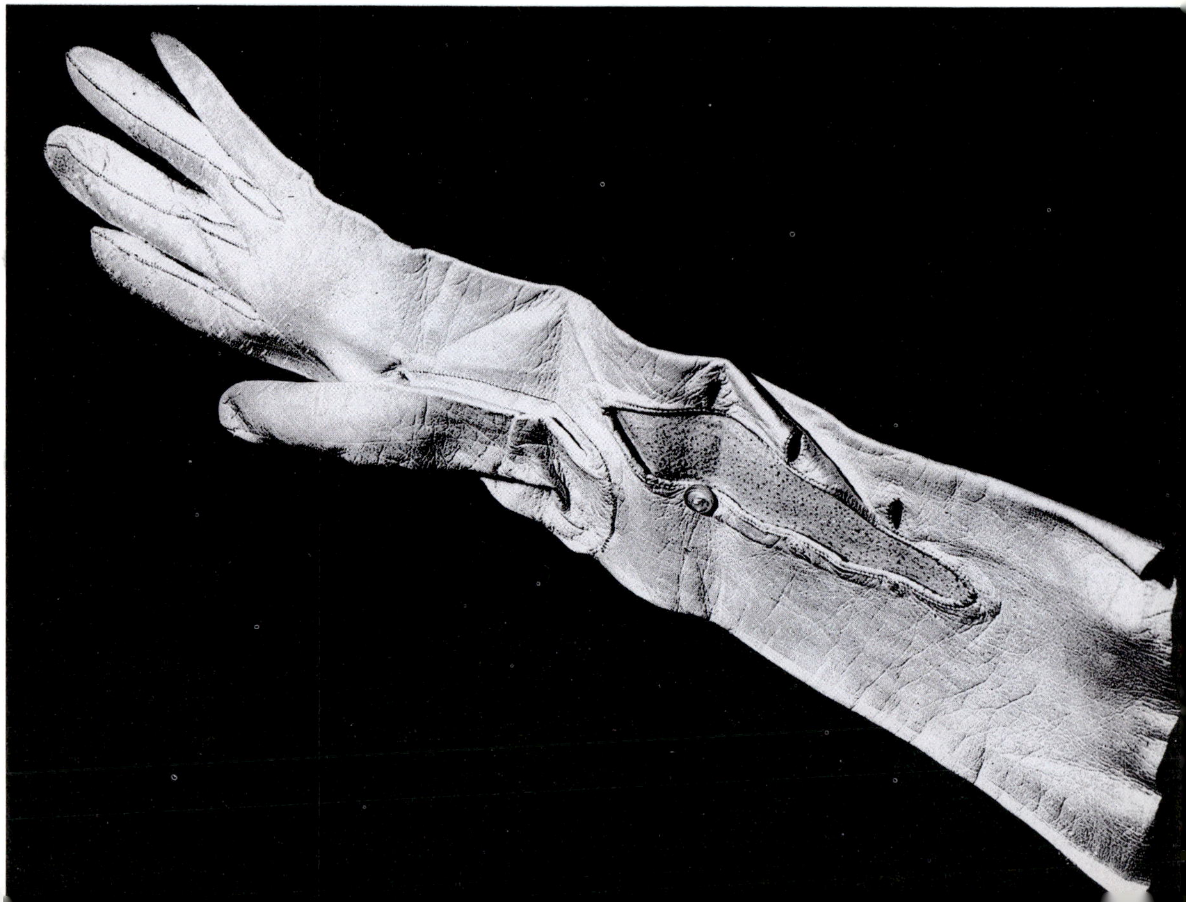

"François-Joseph est à Schönbrunn et travaille quand, à quatre heures de l'après-midi, son aide Paar entre dans son bureau, blême, un télégramme à la main..." A droite : "La douleur impériale est sans limite".

RETOUR A VIENNE

Ce même 10 septembre, François-Joseph est à Schoenbrunn et travaille, quand à quatre heures de l'après-midi, Paar entre dans son bureau, blême, un télégramme à la main. Il annonce que l'Impératrice a été blessée. Une deuxième dépêche arrive à ce moment ; l'Empereur la déchire lui-même. C'est pour apprendre qu'Elisabeth est morte. Il s'abat sur son bureau en sanglotant, prend sa tête entre ses mains tremblantes et gémit douloureusement. Rien ne lui sera donc épargné ! Après son frère, son fils, voici sa femme qui meurt à son tour et avant l'heure ! Le ciel aurait-il entendu la malédiction que la comtesse Battyani, dont le mari venait d'être exécuté dans les conditions les plus atroces, lors de la répression hongroise de 1848, lançait au visage du jeune empereur qui inaugurait son règne par un bain de sang : « Que Dieu te frappe dans tous ceux que tu aimes, et dans toute ta lignée ! » La douleur impériale est sans limite. Elle s'exprime sans honte devant Paar et Goluchowski, le maître de sa Maison qu'il a fait aussitôt appeler, tantôt douce, pleurante : « C'était une femme d'élite, l'ornement de mon trône et de ma vie, aux heures les plus pénibles de mon existence, elle a été ma consolatrice et mon appui », tantôt éclatant de colère et d'horreur : « Pourquoi cet homme a-t-il fait cela, pourquoi l'avoir tuée, elle qui n'a jamais fait de mal à personne ? »

En Suisse, dans tous les cantons, tous les partis politiques, toutes les classes sociales, toutes les confessions religieuses, l'indignation est unanime. C'est pour le gouvernement helvétique, si libéral, si accueillant aux réfugiés et qui se flatte de n'avoir jamais connu d'attentat sur son territoire hospitalier, une pénible épreuve et une humiliante vexation. Le Conseil fédéral envoie sans attendre un télégramme à Vienne. François-Joseph aura l'intelligence d'y répondre par des remerciements.

Sissi est morte seule, comme elle l'avait désiré. Son âme, comme elle l'avait prédit, s'est enfuie

par une toute petite ouverture du cœur. Mais elle ne sera pas enterrée à Corfou ainsi qu'elle l'avait demandé, pas plus que son fils ne l'a été auprès de Marie Vetsera, au petit cimetière d'Heiligenkreuz. Les vivants se vengent des grands morts en refusant d'accomplir leurs volontés dernières. Le corps autopsié et embaumé de l'Impératrice prend le chemin de Vienne accompagné d'un peuple immense et conduit à la gare par le gouvernement suisse et les autorités de Genève. Il arrive le 15 septembre à 11 heures du soir. A la lueur des torches, la reine morte pénètre dans cette Hofburg qu'elle avait tant honnie vivante, entre une double haie de hussards bleus et de gardes rouges. Là, sur son cercueil on place, comme une dérision, ses quatre couronnes : la couronne impériale de Marie-Thérèse, la couronne royale de Hongrie, les couronnes archiducale d'Autriche et ducale de Bavière. Des fleurs s'amassent tout autour, mêlent leurs couleurs et leurs parfums. Un bouquet vient d'Egypte, roses de Jericho et fleurs de lotus avec une branche du vieux figuier qui passe pour avoir abrité Marie et l'Enfant Jésus lors de la fuite devant le massacre des Innocents. Elles arrivent fanées, mais le ruban qui les noue a conservé la fraîcheur de l'intention : « Si misérables, les fleurs du désert te saluent ».

La foule est considérable, le lendemain, lorsqu'au glas de tous les clochers de Vienne endeuillée, les princes laïques conduisent la dépouille de l'Impératrice à l'église des Capucins où les princes de l'Eglise l'accueillent. Quatre-vingts archevêques et évêques sont présents dans le chœur quand le cortège que conduit l'Empereur entouré de souverains et d'ambassadeurs, pénètre dans la nef. Sissi partira dans l'une de ces cérémonies grandioses qu'elle fuyait avec tant d'entêtement mais qu'elle doit aujourd'hui subir, cousue dans sa robe de bois précieux. Peut-être sourit-elle pour la dernière fois, quand François-Joseph, qui malgré son effort ne parvient pas à dominer sa douleur, oubliant cette religion de l'étiquette dans laquelle il a été élevé, caresse doucement le cercueil de celle qu'il appelait son bon ange, qu'il n'a cessé d'adorer sans la comprendre, et de gâter sans se lasser. Il attendra dix-huit ans pour la rejoindre dans la crypte froide où elle est couchée, auprès de son fils Rodolphe, un cœur ouvert à côté d'une tempe trouée...

Le masque mortuaire. “Son âme, comme elle l’avait prédit, s’est enfuie par une toute petite ouverture du cœur”. — “Le corps de l’Impératrice est conduit à la gare par un peuple immense”. On voit ici le cercueil quittant l’Hôtel et la photographie ci-dessus confirme la parfaite exactitude de cette gravure d’époque.

A gauche : l'arrivée à Vienne. Toutes les cloches de la capitale sonnent le glas. — "Sissi partira dans l'une de ces cérémonies grandioses qu'elle fuyait avec tant d'entêtement. En présence de quatre-vingt archevêques et évêques, l'Empereur, entouré de souverains et d'ambassadeurs, conduit le cortège".
Ci-contre : pathétique instant, lorsque François-Joseph caresse doucement le cercueil de celle qu'il n'a cessé d'adorer sans la comprendre.
Ci-dessous, dans la crypte des Habsbourg, les tombeaux de l'Empereur (il mourra dix-huit ans plus tard), d'Elisabeth et de Rodolphe.

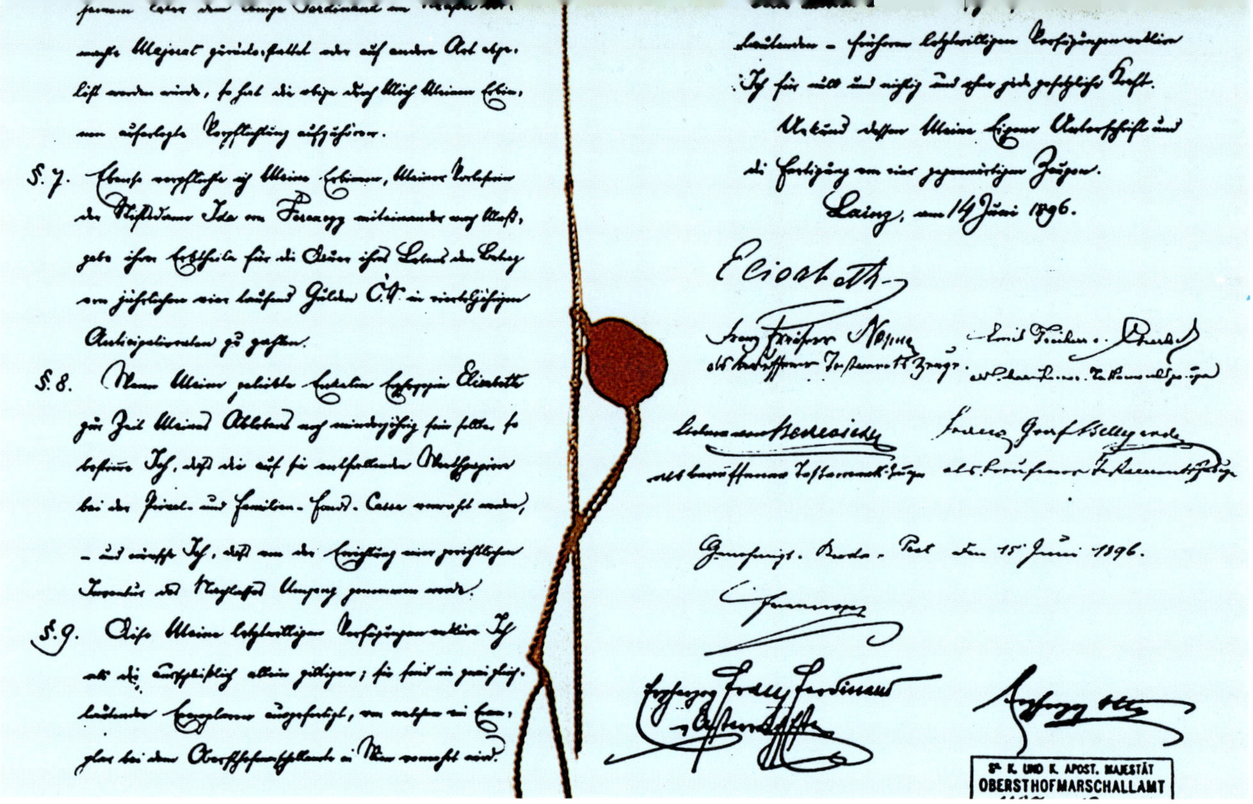

CE QUI DEMEURE

Elisabeth nous apparaît aujourd'hui à travers les nombreux portraits qu'elle a laissés d'elle, notamment celui de la toute jeune impératrice au ruban bleu par Franz Schrotzberg et ceux, de la beauté épanouie, la toile de Raab qui nous la présente en robe de cérémonie avec gros collier, couronne et voile, les tableaux de Winterhalter qui nous la montrent, l'un avec la chevelure dénouée de l'intimité, l'autre en robe de bal, les cheveux cette fois noués, étoilés et retombant à mi-creux des épaules. La courbe voluptueuse de cette dernière coiffure irritait au plus haut degré sa rigide belle-mère. Il faut aussi citer le portrait que Leopold Horowitz fit d'elle deux ans avant sa mort. On y retrouve une Elisabeth toujours belle mais triste et un peu vieillie sous la couronne de ses cheveux nattés, le col serré dans le nœud de la robe noire de son deuil. Elle nous apparaît aussi dans les témoignages écrits des trois femmes qu'elle a sans doute le plus durablement aimées et qui ont le plus longuement vécu auprès d'elle : le Journal de la comtesse Marie Festetics, le livre de la comtesse Staray et les Souvenirs de l'archiduchesse Marie-Valérie. Elle se révèle enfin par l'abondante correspondance qu'elle entretint au cours de sa vie vagabonde avec ceux qui restaient à l'attendre, avec François-Joseph en premier.

La complexité de cette femme, excessive par nature, désœuvrée par état, qui se crée, comme Nietzsche, « ces fantômes esthétiques qui rendent la vie possible » a autorisé des interprétations fort diverses et donné lieu à des jugements totalement contraires. Mais qu'on l'éclaire des feux diffus de la féerie ou qu'on pointe sur elle le faisceau cruel et cru de la psychanalyse, qu'on voie, en elle, une hostie de beauté comme Maurice Barrès ou une malade comme Maurice Paléologue, il est impossible de nier son exceptionnelle attirance et son extrême pouvoir de séduction. Si elle fut une malade, il faut alors reconnaître que semblable à ces Celtes qu'évoque Renan dans ses Souvenirs d'enfance et de jeunesse, son art fut de faire de sa maladie un charme. Ida Ferenczy l'appelle « die Taufrische Blume », la fleur fraîche comme la rosée. La comtesse Festetics la compare à un cygne, un lis, une Mélusine, une fée et une reine tout ensemble.

Cette intrépide voyageuse qui déclarait volontiers que le Paradis se transformerait en Enfer si elle devait y demeurer, ne pouvait qu'être tenue pour une femme étrange à une époque où l'on se déplaçait encore plus par nécessité que pour l'agrément. Un demi-siècle plus tard, elle n'eut

A gauche, le testament d'Elisabeth. Ci-contre, monument à sa mémoire, au cœur de Vienne.

plus étonné et encore moins choqué personne, confondue qu'elle aurait été avec cette société cosmopolite, ces milliardaires américaines qui vont de ville en ville et de palaces en palaces dépenser un argent superflu, ces souverains démocratiques qui savent plaire en se donnant l'allure de tout le monde. Sissi eut le tort de venir trop tôt pour passer inaperçue comme elle demandait à l'être, en son âme douloureuse.

Bien plus qu'à Heine qui fut son premier poète, dans le temps comme dans la dilection, bien plus qu'aux héroïnes de Shakespeare dont elle entreprit la traduction en grec, Elisabeth fait penser à deux autres chantres de la solitude et de l'évasion, encore qu'elle ne les ait sans doute pas lus, l'un Tchékhov, parce que son œuvre n'était pas encore connue hors de la Russie lorsqu'elle mourut, l'autre Baudelaire, dont, nulle part, on ne trouve trace dans sa bibliothèque. Comment ne pas l'évoquer quand on lit sous la plume du premier : « Au bord d'un lac vit depuis son enfance une jeune fille ; elle aime le lac comme une mouette, vit libre et heureuse, comme une mouette. Mais survient un homme, il la voit et par hasard lui prend la vie... » De quel lac peut-il s'agir, du lac de Starnberg qui la vit jouer enfant ou du lac de Genève aux bords duquel son cœur, ce muscle creux, fut transpercé ? De quel homme peut-il être question, de François-Joseph qui lui ravit, à la fortune d'une rencontre préparée pour une autre, la promesse d'une existence heureuse, ou de Luccheni qui lui en éteint le souffle fatigué ? Et quelle vie faut-il entendre, les profondeurs mystérieuses d'une âme que l'on rêve de voir renaître quand le corps est retourné à la première argile, ou cette aventure biologique qui s'achève dans une décomposition sans retour ? La question se pose sous des visages divers, mais aucune réponse formelle ne peut lui être donnée, pas plus pour l'infortunée Impératrice, victime d'elle-même, autant que de la force tragique de l'existence que l'aveugle jeu des forces inhumaines ou supra-humaines lui a infligée, que pour chacun de nous, grand ou petit, important ou insignifiant, dans l'inintelligible lacis que tisse la trame de nos amères destinées. Comme tous les grands poètes, Tchékhov suggère loin, au-delà de ce qu'il signifie précisément. Et ne sent-on pas combien son étouffant malaise et son incurable ennui ressemblent au spleen du second lorsque « l'Espoir vaincu » pleure en elle et que « l'Angoisse, atroce, despotique » s'empare de son être endeuillé ? Son voyage, que seule, la mort interrompra, et qui s'inscrit dans un monde monotone et pareil, l'apparente à ces vrais voyageurs, à ces coureurs sans répit qui, partis pour partir, ne trouveront rien, au bout de la course, parce que le mal est en eux, mais « qui, sans savoir pourquoi, disent toujours : allons ! ».

Le monument qu'on voit à gauche a été édifié à Salzbourg, dans le parc du château. Ci-dessus, le vieil Empereur continuant à satisfaire à ses devoirs officiels et seul, dans le parc de Schönbrunn.

CHRONOLOGIE

1828 Mariage de l'Archiduc Charles et de Sophie de Bavière.
1828 Mariage de Maximilien, Duc en Bavière, et de la Duchesse Ludowika, 9 septembre.
1830 Naissance de François-Joseph à Schoenbrunn, 18 août.
1832 Naissance de Maximilien d'Autriche.
1833 Naissance de Charles-Louis d'Autriche.
1837 Naissance d'Elisabeth de Bavière (Sissi), Munich, 24 décembre.
1845 Naissance de Louis II de Bavière, 24 avril.
1848 François-Joseph est sacré Empereur d'Autriche, 2 décembre.
1853 Fiançailles de François-Joseph et d'Elisabeth, 16 août.
1854 Mariage de François-Joseph et d'Elisabeth, Vienne, 24 avril.
1855 Naissance de Sophie, 1re fille du couple impérial, 5 mars.
1856 Naissance de Gisèle, 2e fille du couple impérial, 12 juillet.
1856 Voyage de réconciliation en Italie.

Extraits d'une curieuse lettre à "l'âme du Futur", régidée par Sissi, en 1890, et confiée par elle... au Président de la Confédération Helvétique, en même temps que tous ses écrits. "Les produits financiers qui pourraient résulter de leur publication seront utilisés pour les enfants de condamnés politiques de la monarchie austro-hongroise, mais cela pas avant 60 ans". (Reproduction autorisée par le Gouvernement Helvétique et la Bibliothèque Nationale de Berne).

1857 Voyage de réconciliation en Hongrie. Mort de Sophie, fille aînée du couple impérial, 28 mai.
1858 Naissance de Rodolphe à Laxenbourg, 21 août.
1859 Guerre d'Italie, Magenta, 4 juin ; Solferino, 24 juin.
1860 Départ d'Elisabeth pour Madère, 17 novembre.
1861 Retour de Madère, mai ; départ pour la Grèce, juin.
1862 Retour d'Elisabeth à Vienne, 14 août.
1866 Sadowa, 3 juillet.
1867 Sacre de Budapest, 8 juin.
1867 Exécution de Maximilien à Queretaro, 19 juin.
1868 Naissance de Marie-Valérie, 3e fille du couple impérial, 22 avril.
1872 Mort de l'archiduchesse Sophie, 27 mai.
1873 Mariage de Gisèle avec le prince Léopold de Bavière.
1875 Séjour d'Elisabeth à Sassetot-le-Mauconduit en Normandie.
1881 Mariage de l'archiduc Rodolphe et de la princesse Stéphanie, 10 mai.
1886 Mort de Louis II de Bavière, 13 juin.
1888 Mort du Duc Max en Bavière.
1889 Mayerling, suicide de l'archiduc Rodolphe, 30 janvier.
1890 Mariage de Marie-Valérie avec l'archiduc François-Salvador, 31 juillet.
1890 Construction de l'*Achilleion* à Corfou.
1892 Mort de la duchesse Ludowika, 26 janvier.
1896 Fêtes du millénaire de la Hongrie.
1897 Mort de la duchesse d'Alençon, sœur d'Elisabeth, 4 mai.
1898 Assassinat d'Elisabeth à Genève, 10 septembre.
1914 Sarajevo, 28 juin.
1916 Mort de François-Joseph, 21 novembre.

Liebe Zukunfts-
Seele!
Dir übergebe
ich diese Schrif-
ten. Der Meister
hat sie mir
diktiert, und
auch er hat
ihren Zweck

mir gut,

Titania

Geschrieben im
Hochsommer des
Jahres 1890
u. zwar im eilig
dahinsausenden
Extrazug.